ŒUVRES COMPLÈTES

DE

SIR WALTER SCOTT.

Traduction Nouvelle.

PARIS,

CHARLES GOSSELIN ET A. SAUTELET ET C°

LIBRAIRES-ÉDITEURS.

M DCCC XXVII.

H. FOURNIER, IMPRIMEUR.

OEUVRES COMPLÈTES

DE

SIR WALTER SCOTT.

TOME SOIXANTE-SEPTIÈME.

IMPRIMERIE DE H. FOURNIER,
RUE DE SEINE, N° 14.

HISTOIRES

DU TEMPS

DES CROISADES.

(Tales of the Crusaders).

TOME QUATRIÈME.

HISTOIRES DU TEMPS DES CROISADES.

LE TALISMAN, OU RICHARD EN PALESTINE.

(The Talisman).

CHAPITRE XIV.

« J'ai donc perdu l'honneur, trésor que ma jeunesse
» Avec un si grand soin gardait pour ma vieillesse !
» Ce n'est plus qu'un ruisseau dont le cours desséché
» Laisse voir les cailloux dont son lit est jonché,
» Et qu'à pied sec sans peine un jeune enfant traverse. »
DRYDEN. *Don Sébastien.*

D'ABORD presque étourdi et confondu, la première pensée de sir Kenneth fut de chercher les auteurs de l'insulte faite à la bannière d'Angleterre ; mais, de quelque côté qu'il tournât ses regards, il ne put en apercevoir la moindre trace. La seconde, qui pourra paraître étrange à quelques personnes, mais non à celles qui ont réellement aimé la race canine, fut de chercher à s'assurer de l'état dans lequel se trouvait son fidèle Roswall, mortellement blessé, à ce qu'il paraissait, en s'acquittant du devoir que la séduction avait fait abandonner à son maître; il caressa l'animal mourant, qui, fidèle jusqu'à la fin, semblait oublier ses propres douleurs pour témoigner la satisfaction que lui causait la présence de sir Kenneth; il continuait à remuer la queue et à lui lécher la main, même en annonçant, par ses gémissemens, que le chevalier irritait sa blessure en essayant de retirer un fragment de lance ou de javeline qui y était resté enfoncé; il renouvelait alors ses faibles caresses, comme s'il eût craint d'avoir offensé son maître en lui laissant voir que ses soins ne faisaient qu'aggraver sa souffrance. Les preuves d'attachement que lui prodiguait ce noble animal répandaient une nouvelle amertume sur le sentiment de honte et de désespoir qui anéantissait toutes les facultés de sir Kenneth. Son unique ami semblait lui être enlevé à l'instant même où il avait encouru le mépris et l'indignation de tout ce qui l'entourait. La force d'ame du chevalier céda à cette angoisse; il poussa de profonds gémissemens, et ne put même retenir ses larmes.

Tandis qu'il se livrait ainsi à son chagrin, les mots suivans furent prononcés en langue franque près de lui par une voix sonore et solennelle comme celle d'un iman faisant une lecture dans une mosquée :

— L'adversité est comme l'époque des premières et des dernières pluies : froides, pénibles, désagréables pour l'homme et les animaux, et cependant ce sont elles qui produisent les fleurs et les fruits, qui font naître la rose, la datte et la grenade.

Le chevalier du Léopard se tourna vers celui qui lui parlait ainsi, dans une langue également comprise des chrétiens et des Sarrasins, et vit le médecin maure, qui, s'étant approché de lui sans avoir été entendu, s'était assis un peu derrière lui, les jambes croisées, et débitait avec gravité, mais d'un accent plein d'intérêt, les sentences morales de consolation que lui fournissaient le Coran et ses commentateurs ; car, dans l'Orient, on trouve que la sagesse consiste, non à déployer ses propres inventions, mais à montrer une mémoire fertile, et à faire à propos l'application heureuse de ce qui est écrit.

Honteux d'avoir été surpris tandis qu'il exprimait son chagrin comme l'aurait fait une femme, sir Kenneth essuya ses larmes avec indignation, et s'occupa de nouveau de son favori mourant.

— Le poète a dit, continua El Hakim sans paraître faire attention à l'air désespéré et aux regards baissés du chevalier : — Le bœuf pour la plaine, et le chameau pour le désert. La main du médecin ne serait-elle pas plus convenable que celle du soldat pour guérir les blessures, quoiqu'elle soit moins capable d'en faire ?

— Ce malade, Hakim, n'est plus en état de profiter de tes secours, répondit sir Kenneth. D'ailleurs, d'après ta loi, c'est un animal immonde.

— Quand Allah a daigné accorder à des créatures la vie et le sentiment de la peine et du plaisir, dit le médecin, ce serait un orgueil coupable pour le sage qu'il a éclairé de se refuser à prolonger leur existence ou d'adoucir leurs souffrances. La guérison d'un écuyer obscur, d'un pauvre chien ou d'un monarque conquérant, sont des événemens entre lesquels le sage ne fait guère de distinction. Laisse-moi examiner la blessure de cet animal.

Sir Kenneth y consentit en silence, et le médecin examina l'épaule blessée de Roswall avec le même soin et la même attention que s'il eût appartenu à la race humaine. Il prit alors une boîte d'instrumens de chirurgie, et, s'en servant avec adresse, il fit l'extraction du fragment de l'arme, et arrêta par une lotion styptique et par des bandages, l'effusion du sang qui s'ensuivit. Le pauvre animal se soumit à cette opération avec la même patience que s'il eût connu les intentions bienfaisantes de celui qui la lui faisait souffrir.

— Cet animal peut guérir, dit El Hakim en s'adressant à sir Kenneth, si vous trouvez bon que je le fasse porter sous ma tente, et que je le traite avec le soin que mérite la noblesse de sa nature; car il est bon que vous sachiez que votre serviteur Adonebec n'est pas moins instruit dans la distinction des races et des qualités des bons chiens et des nobles coursiers que dans l'art de guérir les maladies auxquelles la race humaine est exposée.

— Emportez-le, répondit le chevalier; je vous le donne de bon cœur, si vous lui rendez la vie. D'ailleurs, je vous dois une récompense pour les soins que vous avez pris de mon écuyer, et je n'ai pas autre chose pour m'acquitter. Quant à moi, je ne sonnerai plus du cor pour exciter un chien à la chasse.

Le Maure ne répondit rien, mais il fit un signal en frappant des mains, et deux esclaves noirs parurent à l'instant. Il leur donna ses ordres en arabe, et en reçut pour réponse : — Entendre, c'est obéir. — Ils prirent aussitôt l'animal entre leurs bras, et l'emportèrent sans qu'il fît beaucoup de résistance ; car, quoique ses yeux se tournassent vers son maître, il était trop faible pour se défendre.

— Adieu donc, Roswall, dit sir Kenneth ; adieu, mon dernier et mon unique ami ; tu es un bien trop noble pour appartenir à un être aussi dégradé que je vais le devenir. Je voudrais, ajouta-t-il pendant que les esclaves s'éloignaient, pouvoir changer de situation avec ce noble animal, tout mourant qu'il est.

— Il est écrit, dit le médecin, quoique cette exclamation ne lui eût pas été adressée, que toutes les créatures sont faites pour le service de l'homme, et le maître de la terre parle follement lorsque, dans son impatience, il voudrait changer ses espérances présentes et futures pour la condition servile d'un être inférieur.

— Un chien qui meurt en s'acquittant de ses devoirs, répondit le chevalier avec force, vaut mieux que l'homme qui les oublie. Laisse-moi, Hakim ; tu possèdes, presque jusqu'au miracle, la science la plus merveilleuse dont l'homme ait jamais été doué ; mais les blessures de l'esprit sont au-dessus de ton pouvoir.

— Non, répondit Adonebec, pourvu que le malade veuille faire connaître ses souffrances, et se laisser guider par les avis du médecin.

— Sache donc, puisque tu es si importun, dit sir Kenneth, que cette nuit la bannière d'Angleterre était déployée sur cette hauteur, j'étais chargé de la garder ; la lumière du matin commence à paraître ; tu vois cette pique brisée, la bannière a disparu, et me voici, me voici vivant encore!

— Comment! dit El Hakim en l'examinant, ton armure est entière; tes armes ne sont pas teintes de sang, et la renommée assure que tu n'es pas homme à revenir ainsi du combat. Tu t'es laissé entraîner loin de ton poste, entraîner par les joues de rose et les yeux noirs d'une de ces houris à qui, vous autres Nazaréens, vous faites vœu d'une obéissance telle qu'on n'en doit qu'à Allah, d'un amour tel qu'il est à peine permis d'en accorder à une argile semblable à la nôtre : je ne me trompe pas, car c'est ainsi que l'homme a toujours succombé depuis le temps du sultan Adam.

— Et quand cela serait, médecin, dit le chevalier d'un air sombre, où est le remède?

— La science est la mère du pouvoir, répondit El Hakim, comme la valeur supplée à la force. Écoute-moi : l'homme n'est pas un arbre enchaîné par la racine : il n'a pas été formé pour s'attacher à un rocher comme le coquillage, qui mérite à peine un rang parmi les créatures animées. Tes propres écritures chrétiennes ordonnent à celui qui est persécuté dans une ville de fuir dans une autre; et nous autres musulmans, nous savons aussi que Mahomet, le prophète d'Allah, chassé de la sainte cité de la Mecque, trouva dans celle de Médine un refuge pour lui et pour ses compagnons.

— Et en quoi tout cela me concerne-t-il? demanda l'Écossais.

— Vous allez le savoir, répondit le médecin. Le sage même fuit la tempête qu'il ne peut maîtriser. Faites donc diligence; fuyez la vengeance de Richard, et mettez-vous à l'ombre sous la bannière victorieuse de Saladin.

— Il est vrai, dit Kenneth avec ironie, que je pourrais cacher mon déshonneur dans un camp de païens infidèles, où ce mot est inconnu. Mais ne ferais-je pas mieux de m'assimiler à eux plus complètement? Ton avis n'irait-il pas jusqu'à me recommander de prendre le turban? Il me semble qu'il ne manque que l'apostasie pour consommer mon infamie.

— Ne blasphème pas, Nazaréen! s'écria El Hakim avec force. Saladin ne cherche à convertir à la loi du Prophète que ceux qui ont été convaincus par ses préceptes. Ouvre les yeux à la lumière, et le grand soudan, dont la libéralité est sans bornes comme son pouvoir, peut te donner un royaume; reste dans ton aveuglement, si tu le veux; et étant du nombre de ceux dont la seconde vie est vouée à la misère, tu n'en seras pas moins rendu riche et heureux pendant celle-ci par Saladin. Mais ne crains pas que ton front soit jamais entouré du turban, si ce n'est volontairement et de ton propre choix.

— Mon choix serait plutôt, dit le chevalier, le supplice qui m'attend avant le coucher du soleil.

— Tu n'es pas sage de refuser cette belle offre, Nazaréen, dit El Hakim; car j'ai du crédit près de Saladin, et je pourrais t'élever bien haut dans ses bonnes graces. Fais-y bien attention, mon fils. Cette croisade, comme vous nommez votre folle entreprise, est comme un grand dromond (1) qui vient à se briser au milieu des

---

(1) Ou dromadaires. C'était le nom qu'on donnait alors aux plus grands vaisseaux. (*Note de l'auteur Anglais.*)

vagues. Tu as toi-même été porteur de propositions de paix au puissant Saladin de la part des rois et des princes dont les forces sont réunies ici; mais tu ne sais peut-être pas exactement en quoi elles consistent.

— Je ne le sais pas, et je m'en inquiète peu, répondit Kenneth avec impatience. Que m'importe d'avoir été l'envoyé de princes, quand avant la nuit je serai un cadavre déshonoré et suspendu à un gibet?

— Ce que je te dis tend à prévenir ce malheur, répliqua Adonebec. Saladin est courtisé de tous côtés; les princes qui composent cette ligue formée contre lui ont fait des propositions d'arrangement et de paix, qu'en toute autre circonstance son honneur lui aurait peut-être permis d'accorder. Quelques-uns lui ont même fait séparément des offres particulières, et lui ont proposé de retirer leurs forces du camp des rois de Frangistan, et même de les joindre aux siennes pour défendre l'étendard du Prophète. Mais Saladin ne veut pas profiter d'une telle trahison, d'une défection si intéressée. Le roi des rois ne traitera qu'avec le roi Lion. Saladin ne conclura d'arrangement définitif qu'avec Melec Ric; et il traitera avec lui en prince, ou le combattra en valeureux champion. Il accordera la liberté du pèlerinage à Jérusalem et à tous les lieux que les Nazaréens ont en vénération. Il ira même jusqu'à partager son empire avec son frère Richard, au point de lui permettre de placer une garnison chrétienne dans les six plus fortes places de la Palestine ainsi que dans Jérusalem, et elles seront sous le commandement immédiat des officiers du roi Richard, à qui Saladin consent d'accorder le titre de roi gardien de Jérusalem. Quelque étrange et quelque incroyable que tout cela puisse vous paraître, sire chevalier, je vous dirai une chose qui vous le paraîtra encore davantage, car je sais qu'on peut confier à votre honneur le secret le plus important. Sachez que Saladin, pour mettre un sceau sacré à cette heureuse union des deux princes les plus nobles et les plus braves du Frangistan et de l'Asie, élèvera au rang de son épouse une demoiselle chrétienne du sang du roi Richard, connue sous le nom de lady Edith Plantagenet (1).

— Ah! que dis-tu? s'écria sir Kenneth, qui avait écouté avec indifférence tout ce qu'El Hakim lui avait dit jusque-là, mais que cette dernière phrase avait touché au vif, comme un nerf blessé excite une sensation de douleur, même au milieu de la torpeur qui glaçait un paralytique. Cependant, par un grand effort sur lui-même, il parvint à se modérer, réprima son indignation; et la voilant sous l'apparence d'un doute méprisant, il continua l'entretien, afin d'obtenir autant de détails qu'il pourrait sur un complot, car tel lui paraissait ce projet, contre l'honneur et le bonheur de celle qu'il n'en aimait pas moins depuis que cette passion semblait avoir été l'écueil de sa fortune et de son honneur.

(1) Cette proposition peut paraître si extraordinaire et si invraisemblable, qu'il est à propos de dire qu'elle eut véritablement lieu. Cependant, au lieu d'Edith, les historiens parlent de la reine douairière de Naples, sœur de Richard, et substituent à ce prince un de ses frères. Ils paraissent avoir ignoré l'existence d'Edith Plantagenet. Voir l'*Histoire des Croisades,* par Mill, tom. II, pag. 61.

(*Note de l'Auteur anglais.*)

L'ouvrage de M. Mill étant encore peu connu en France, l'Éditeur croit devoir renvoyer les lecteurs français à l'excellent ouvrage de M. Michaud sur le même sujet. — Éd.

— Quel chrétien, dit-il, voudrait sanctionner une union contre nature, telle que celle d'une fille chrétienne avec un mécréant sarrasin?

— Tu n'es qu'un Nazaréen ignorant et superstitieux, répondit Adonebec. Ne vois-tu pas tous les jours des princes musulmans épouser en Espagne de nobles filles chrétiennes, sans que les Maures ni les chrétiens en soient scandalisés? D'ailleurs, pleins de confiance dans le sang de Richard, Saladin accordera à la jeune fille anglaise la même liberté que les usages du Frangistan accordent aux femmes. Il lui permettra le libre exercice de sa religion, attendu qu'au fond il n'importe guère quelle foi professent les femmes. Il l'élèvera en rang et en autorité au-dessus de toutes les femmes de son zénana. En un mot, elle sera, sous tous les rapports, reine absolue et sa seule épouse.

— Quoi! s'écria sir Kenneth, oses-tu croire, musulman, que Richard consente que sa parente, une princesse vertueuse et de haut rang, devienne tout au plus la première concubine du harem d'un infidèle? Apprends, Hakim, que le dernier des nobles libres de la chrétienté se révolterait à la seule idée d'assurer à sa fille cette splendeur ignominieuse.

— Tu te trompes, répondit le médecin. Philippe de France et Henry de Champagne, et d'autres alliés de Richard, ont entendu cette proposition sans en frémir, et ont promis, autant qu'ils le pourraient, de favoriser une alliance qui mettrait fin à ces guerres désastreuses. Le sage archiprêtre de Tyr s'est chargé d'en faire l'ouverture au roi d'Angleterre, et il ne doute pas qu'il ne parvienne à lui faire goûter ce plan. La sagesse du soudan fait encore mystère de ce projet à d'autres princes, tels que le marquis de Montserrat et le grand-maître des Templiers, parce qu'il sait que leurs plans ambitieux n'ont pour but que la mort et l'ignominie de Richard. Levez-vous donc, sire chevalier, et montez à cheval. Je vous remettrai une lettre qui vous rendra le soudan favorable. Et ne croyez pas que vous trahissiez votre pays, sa cause ou sa religion, puisque l'intérêt des deux monarques sera bientôt le même. Saladin sera charmé d'entendre vos conseils, parce que vous pouvez l'informer de bien des choses concernant les mariages des chrétiens, la manière dont ils traitent leurs femmes, et d'autres points de leurs lois et de leurs usages qu'il est important qu'il connaisse à l'instant de conclure un pareil traité. La main droite du soudan, qui tient tous les trésors de l'Orient, est une source vive de générosité; ou, si tu le désires, Saladin, une fois allié avec l'Angleterre, n'aura guère de difficulté à obtenir de Richard non-seulement qu'il te pardonne et qu'il te rende ses bonnes graces, mais qu'il te confie un commandement honorable parmi les troupes qu'il pourra laisser ici pour le maintien de son gouvernement et de celui de Saladin en Palestine. Lève-toi donc, et à cheval; le chemin est uni devant toi.

— Hakim, répondit le chevalier écossais, tu es un homme de paix, tu as sauvé la vie de Richard d'Angleterre et celle de mon pauvre écuyer, Stranchan. J'ai donc entendu jusqu'à la fin un récit que, s'il m'eût été fait par tout autre musulman que toi, j'aurais terminé par un coup de poignard. Hakim, en retour de ta bienveillance, je te conseille d'avoir soin que le Sarrasin qui viendra proposer à Richard une alliance entre le sang des Plantagenet et celui de sa race maudite ait la tête couverte d'un casque en état de supporter un coup de hache d'armes semblable à celui qui fit tomber la porte d'Acre. Sans cette précaution, certes, il serait hors d'état d'avoir recours à ton art.

— Tu es donc opiniâtrément décidé à ne pas chercher un asile au milieu de l'armée des Sarrasins? demanda Adonebec. Souviens-toi pourtant que rester ici c'est courir à ta perte; et ta loi comme la nôtre défend à l'homme de détruire le tabernacle de sa vie.

— A Dieu ne plaise que je l'oublie! dit l'Écossais en faisant un signe de croix; mais il nous est aussi défendu de fuir le châtiment que nos crimes ont mérité; et, puisque tu n'as que des idées si erronées de la fidélité, Hakim, je regrette de t'avoir donné mon bon chien, car, s'il vient à guérir, il aura un maître qui ne connaîtra pas toute sa valeur.

— Un présent qu'on se repent d'avoir fait est déjà révoqué, dit El Hakim. Nous autres médecins, nous nous faisons une loi de ne pas renvoyer un malade avant de l'avoir guéri; mais si votre chien ne meurt pas, il est encore à vous.

— Il suffit, il suffit, Hakim, répondit sir Kenneth; on ne doit parler ni de chiens ni de faucons lorsqu'on n'a peut-être qu'une heure de jour entre soi et la mort. Laisse-moi me rappeler mes péchés et me réconcilier avec le ciel.

— Je te laisse dans ton obstination, dit le médecin; un brouillard cache le précipice aux yeux de ceux qui sont prédestinés à y tomber.

Il se retira à pas lents, tournant la tête de temps en temps, comme pour voir si un mot ou un signe ne pourrait ébranler la résolution du chevalier qui s'abandonnaît à son sort. Enfin son turban disparut au milieu du labyrinthe de tentes qui s'étendaient bien au-delà du mont Saint-George, et que blanchissait la pâle lueur du matin, confondue encore avec celle des rayons de la lune.

Quoique les conseils d'Adonebec n'eussent pas fait sur Kenneth l'impression que ce sage aurait désiré, ses paroles lui avaient suggéré un motif pour désirer de vivre, et, quelque déshonoré qu'il fût à ses propres yeux, il n'avait plus envie de quitter la vie comme on quitte un vêtement souillé. Le souvenir de tout ce qui s'était passé entre l'ermite et lui à Engaddi, ou entre l'anachorète et Ilderim, lui confirma ce que le médecin maure venait de lui dire de l'article secret du traité proposé.

— Le révérend imposteur! s'écria-t-il; l'hypocrite à cheveux blancs! il parlait du mari infidèle converti par la femme chrétienne. Et que sais-je si le traître n'a pas exposé aux yeux du Sarrasin maudit de Dieu les attraits d'Edith Plantagenet, afin que le chien pût juger si elle était digne d'entrer dans le sérail d'un mécréant? Si je tenais une seconde fois ce païen, comme je l'ai tenu il y a quelques jours, ce ne serait pas lui du moins qui viendrait chargé d'une mission si honteuse pour l'honneur d'un roi chrétien et pour celui d'une fille noble et vertueuse. Mais que peut faire celui dont les heures ne sont plus que des minutes! N'importe, tant que je vis, tant que je respire, il est possible de faire quelque chose, et il faut le faire sans délai.

Il réfléchit quelques instants, et, jetant son casque loin de lui, il prit le chemin du pavillon du roi Richard.

CHAPITRE XV.

> « Le chantre du matin annonçait au village
>   » De la lumière le retour ;
> » Édouard vit la nuit s'enfuir sur son nuage
>   » Pour faire place au nouveau jour ;
> » Du corbeau croassant la voix épouvantable
>   » Semblait un présage fatal.
> » Je t'entends, dit le prince, et ton cri lamentable
>   » A mon courroux donne un signal.
> » J'en jure par le trône éclatant de lumière
>   » Du Dieu de force et de vertu ;
> » Avant que le soleil ait fini sa carrière
>   » Charles Baudouin aura vécu. »
>
> CHATTERTON.

Richard, ayant laissé sir Kenneth auprès de sa bannière royale, était rentré sous son pavillon avec cette pleine confiance que lui inspiraient son courage et la supériorité dont il avait fait preuve en présence de toute l'armée chrétienne et d'un grand nombre de ses chefs, parmi lesquels il savait qu'il s'en trouvait beaucoup qui regardaient en secret la défaite de l'archiduc d'Autriche comme un triomphe remporté sur eux-mêmes. Son orgueil jouissait donc de la satisfaction d'avoir mortifié cent ennemis dans la personne d'un seul.

Un autre monarque aurait doublé ses gardes pendant la nuit qui suivit une pareille scène, et aurait du moins fait rester une partie de ses troupes sous les armes. Cœur-de-Lion, au contraire, congédia même sa garde ordinaire, et fit faire une distribution de vin à ses soldats pour qu'ils célébrassent sa guérison et qu'ils bussent en l'honneur de la bannière de Saint-George. Il en serait résulté qu'il n'aurait plus régné, dans le quartier que ses troupes occupaient dans le camp, ni vigilance ni précautions militaires, si le comte de Salisbury, sir Thomas de Vaux et d'autres nobles n'avaient pris les mesures nécessaires pour y maintenir l'ordre et la discipline au milieu de la joie générale.

Le médecin maure resta près du roi depuis l'instant où il se mit au lit jusqu'après minuit; et, pendant cet intervalle, il lui fit prendre deux fois une potion qu'il prépara, ayant toujours soin préalablement d'observer dans quel quartier du ciel se trouvait la pleine lune, dont il disait que les influences pouvaient aider ou contrarier l'effet de ses remèdes. Il était près de trois heures du matin quand il sortit de la tente de Richard pour se retirer dans celle qui avait été dressée pour lui et pour sa suite. En s'y rendant, il entra sous la tente du chevalier du Léopard, afin de voir comment se trouvait son premier malade dans le camp chrétien, Stranchan, nom de l'écuyer de sir Kenneth. Ayant demandé où était le chevalier, il apprit le devoir dont il avait été chargé, et cette information le conduisit probablement au mont Saint-George, où il trouva celui qu'il cherchait dans la situation désastreuse dont nous avons rendu compte dans le chapitre précédent.

Le soleil se levait quand on entendit un homme armé s'approcher à pas lents du pavillon du roi; et De Vaux, qui dormait, assis près du lit de son maître, d'un sommeil aussi léger que celui qui ferme les yeux d'un chien aux aguets, n'avait eu que le temps de se lever, et de s'écrier : — Qui va là? quand le chevalier du Léopard entra dans la tente : ses traits mâles étaient couverts d'un sombre nuage.

— Comment êtes-vous assez hardi pour entrer ainsi dans l'appartement du roi, sire chevalier? s'écria De Vaux d'un ton sévère, mais de manière à respecter le repos de son maître.

— Paix, De Vaux, dit Richard, qui s'éveilla en ce moment; sir Kenneth vient en bon soldat nous rendre compte de sa garde, et la tente du général est toujours ouverte à des hommes comme lui. Se soulevant alors et s'appuyant sur le coude, il fixa sur le chevalier ses grands yeux brillans. Parlez, sire Écossais, dit-il; vous venez me dire que vous vous êtes acquitté de votre devoir avec vigilance, honorablement, que tout va bien, n'est-ce pas? Le bruit des plis de la bannière royale d'Angleterre, agitée par le vent, aurait suffi pour la garder sans qu'elle fût protégée par un chevalier tel qu'on te répute.

— Tel qu'on ne me réputera plus, sire, répondit Kenneth. Je ne me suis conduit ni honorablement ni avec vigilance, et il s'en faut de beaucoup que tout aille bien. La bannière d'Angleterre a été enlevée.

— Et tu vis pour me l'apprendre! s'écria Richard d'un ton moqueur d'incrédulité. Impossible! Je n'en crois rien. Tu n'as pas même une égratignure sur le visage. Pourquoi restes-tu muet? Dis la vérité : on ne doit pas se permettre de plaisanter avec un roi. Parle, je te pardonne si tu as menti.

— Menti! sire, répliqua l'infortuné chevalier avec un retour passager de fierté et un regard de feu semblable à l'étincelle qui jaillit d'un froid caillou; mais il n'est rien que je ne doive endurer. Je vous ai dit la vérité.

— De par Dieu et de par saint George! s'écria le roi avec fureur; mais il réprima ce mouvement de colère. De Vaux, dit-il, va vérifier le fait. La fièvre lui a troublé l'esprit. La chose est impossible. Cet homme a fait ses preuves de courage. Impossible! dis-je; allons, pars donc, ou envoie quelqu'un en ta place si tu ne veux pas y aller.

Le roi fut interrompu par l'arrivée de sir Henry Neville, qui accourait, hors d'haleine, pour lui apprendre que la bannière avait disparu, et que le chevalier chargé de la garder avait été probablement attaqué par une force supérieure, attendu qu'il y avait des taches de sang à l'endroit où la bannière était arborée.

— Mais que vois-je ici? ajouta Neville, ses yeux s'arrêtant tout à coup sur sir Kenneth.

— Un traître, s'écria le roi sautant à bas de son lit, et que tu vas voir mourir de la mort d'un traître. Et, saisissant la masse d'armes qui était toujours à sa portée, il la leva comme pour l'en frapper.

Pâle, mais immobile comme une statue de marbre, l'Écossais resta debout devant le roi, la tête nue et sans défense, les yeux baissés vers la terre, et les lèvres un peu agitées, probablement parce qu'il murmurait une prière. En face de lui, et à la distance nécessaire pour frapper, était Richard, le corps enveloppé de sa *camescia*, espèce de grande robe de toile qui le couvrait tout entier, si ce n'est que l'attitude qu'il avait prise laissait à nu son bras droit, son épaule et une partie de sa poitrine. Il déployait des signes d'une vigueur qui aurait pu lui valoir le surnom de Bras-de-fer, qu'avait porté un de ses prédécesseurs saxons; mais après être resté un instant comme sur le point de frapper, tout à coup il baissa son arme vers la terre, et s'écria :

— Mais il y avait du sang, Neville; tu as vu du sang sur le monticule. Écoute-moi, sire Écossais, tu as été brave autrefois, car je t'ai vu combattre. Dis-moi que tu as tué deux des chiens qui ont attaqué ma bannière... ou seulement un. Dis que tu as porté un bon coup pour la défendre, et va traîner hors de mon camp ta vie et ton ignominie.

— Vous m'avez appelé menteur, sire, répondit Kenneth avec fermeté, et en cela du moins vous m'avez fait une injure. Apprenez que le sang répandu pour la défense de l'étendard d'Angleterre est celui d'un chien qui, plus fidèle que son maître, a combattu au poste que celui-ci avait abandonné.

— De par saint George! s'écria Richard en levant le bras une seconde fois, c'est à présent que tu vas...

Mais De Vaux, se jetant entre le roi et l'objet de son courroux, lui dit avec la franchise brusque qui lui était habituelle :

— Sire, ce ne doit pas être ici, ce ne doit pas être de votre main. C'est assez de folies pour vingt-quatre heures que d'avoir confié la garde de votre bannière à un Écossais. Ne vous avais-je pas dit qu'ils faisaient toujours bonne mine à mauvais jeu?

— Tu me l'avais dit, De Vaux, répondit le roi, et tu avais raison, j'en conviens. J'aurais dû le mieux connaître; j'aurais dû me souvenir comment ce renard de William m'a trompé dans notre présente croisade.

— Sire, dit Kenneth, William d'Écosse n'a jamais trompé personne; ce sont les circonstances qui l'ont empêché de réunir ses forces.

— Paix, effronté! s'écria le roi; tu souilles le nom d'un prince seulement en le prononçant. — Eh bien! De Vaux, il est étrange de voir comme cet homme fait bonne contenance. Il faut que ce soit un lâche ou un traître, et cependant il a attendu le coup de Richard Plantagenet quand notre bras était levé pour lui donner sur le crâne l'ordre de la chevalerie. S'il avait montré le moindre signe de crainte, si un de ses membres avait tremblé, si sa paupière avait seulement remué, je lui aurais brisé la tête comme un gobelet de cristal. Mais je ne puis frapper quand je ne trouve ni crainte ni résistance.

Il y eut un instant de silence.

— Sire, dit Kenneth...

— Ah! s'écria Richard en l'interrompant, as-tu retrouvé la parole? Demande grace au ciel, mais n'en attends pas de moi, car l'Angleterre est déshonorée par ta faute; et quand tu serais mon frère, mon frère unique, il n'y aurait pas de pardon pour un tel crime.

— Je ne parle pas pour demander grace à un homme,

répondit l'Écossais. Il dépend du bon plaisir de Votre Majesté de m'accorder ou de me refuser le temps nécessaire pour obtenir les secours de la religion. Si l'homme me les refuse, puisse Dieu m'accorder l'absolution que je voudrais demander à son Église ! Mais que je meure à l'instant ou dans une hemi-heure, je n'en supplie pas moins Votre Majesté de m'accorder un instant d'audience pour lui apprendre une chose qui touche de très-près à sa renommée comme monarque chrétien.

— Parle, dit le roi, ne doutant pas qu'il n'allât entendre quelque aveu relatif à l'enlèvement de la bannière.

— Ce que j'ai à vous dire, répliqua sir Kenneth, concerne personnellement le roi d'Angleterre, et ne doit être entendu que par l'oreille de Votre Majesté.

— Retirez-vous, messieurs, dit le roi à Neville et à De Vaux.

Le premier obéit sur-le-champ; le second refusa de s'éloigner de la présence du roi.

— Puisque vous avez reconnu que j'avais raison, dit De Vaux à son souverain, je veux être traité en homme qui a eu raison. Je ferai ma volonté en ceci; je ne vous laisserai pas seul avec ce traître écossais.

— Comment, De Vaux, s'écria Richard en frappant du pied avec un léger mouvement de colère, oses-tu craindre pour notre personne en face d'un traître?

— Vous avez beau froncer le sourcil et frapper du pied, sire, répondit De Vaux, je ne laisserai pas un malade avec un homme qui se porte bien; un homme nu avec un soldat armé de toutes pièces.

— Peu importe, dit le chevalier écossais; je ne cherche

pas à gagner du temps, je parlerai en présence du lord de Glisland. Il est aussi fidèle que brave.

— J'en aurais dit autant de toi il n'y a qu'une demi-heure, dit De Vaux en soupirant d'un ton qui annonçait un mélange de chagrin et de dépit.

— Vous êtes environné de trahison, roi d'Angleterre, continua Kenneth.

— Cela peut être comme tu le dis, répliqua Richard; je viens d'en avoir une bonne preuve.

— Je parle d'une trahison, ajouta Kenneth, qui vous serait plus funeste que la perte de cent bannières sur le champ de bataille. Il hésita un instant, et continua en baissant la voix : — Lady, lady Edith...

— Ah ! s'écria le roi en prenant tout à coup une attitude de hauteur et d'attention, et fixant les yeux avec fermeté sur le criminel supposé, qu'as-tu à me dire d'elle, qu'as-tu à m'en dire ? qu'a-t-elle de commun avec cette affaire ?

— Sire, reprit l'Écossais, on a tramé un complot pour déshonorer votre race royale, en vous déterminant à accorder la main de lady Edith au soudan sarrasin, afin d'acheter ainsi une paix ignominieuse pour toute la chrétienté et honteuse pour l'Angleterre.

Cette annonce produisit un effet diamétralement opposé à celui que sir Kenneth en attendait. Richard Plantagenet était un de ces hommes qui, pour emprunter les termes d'Iago (1), ne veulent pas servir Dieu quand c'est le diable qui l'ordonne : les avis et les renseignemens qu'il recevait l'affectaient moins en proportion de leur véritable importance que d'après la teinte

---

(1) *Othello*, acte 1er. — Éd.

3.

que leur donnait, dans son esprit, le caractère de ceux qui les lui communiquaient et les vues qu'il leur supposait. Le nom de sa parente rappela à son souvenir ce qu'il avait regardé comme le comble de la présomption dans le chevalier du Léopard, même quand il jouissait d'une haute renommée parmi ses égaux, et ce qui paraissait au monarque impétueux, dans l'état de dégradation où était alors sir Kenneth, une insulte suffisante pour l'enflammer d'un nouveau courroux.

— Silence! s'écria-t-il, homme infame et audacieux! De par le ciel, je te ferai arracher la langue avec des tenailles rouges si tu oses prononcer le nom d'une noble damoiselle chrétienne! Apprends, traître dégénéré, que je savais déjà jusqu'à quelle hauteur tu avais osé lever les yeux, et que je l'avais enduré, quoique ce fût une insolence, même quand tu nous trompais, car tu es tout cousu de fourberie, en nous faisant croire que tu méritais quelque renom. Mais à présent qu'avec des lèvres flétries par l'aveu de ton déshonneur tu oses nommer notre noble parente comme prenant part et intérêt à son destin, que t'importe qu'elle épouse un Sarrasin ou un chrétien? que t'importe si, dans un camp où des princes sont des lâches le jour et des brigands la nuit, dans un camp où de braves chevaliers deviennent des déserteurs et des traîtres; que t'importe, à toi ou à qui que ce soit, s'il me plaît de faire alliance avec la franchise et la valeur réunies en la personne de Saladin?

— Il est vrai, répondit sir Kenneth, que cela n'importe guère à un homme devant lequel le monde entier va bientôt disparaître; mais, quand vous me feriez mettre à la torture, je vous répéterais que ce que je viens de vous dire est important pour votre conscience et votre renommée. Je vous dis, sire, que si vous avez seulement la pensée de donner pour épouse votre parente lady Édith...

— Ne prononce pas son nom! ne pense pas à elle un instant! s'écria Richard en saisissant de nouveau sa masse d'armes, et en la serrant avec tant de force que ses muscles se dessinaient sur son bras, comme les cordes dont le lierre entoure le tronc du chêne.

— Ne pas la nommer! ne pas penser à elle! répondit sir Kenneth, qui, naguère étourdi et accablé, commençait à recouvrer son énergie dans cette espèce de controverse; de par la croix, sur laquelle je fonde mes espérances, son nom sera le dernier mot qui sortira de ma bouche, son image la dernière pensée qui occupera mon esprit. Essayez votre force si vantée sur ce front découvert, et voyez si vous pouvez ébranler ma détermination.

— Il me rendra fou, dit Richard à Thomas de Vaux avec dépit; mais, en voyant l'air de résolution du criminel, son arme lui tomba des mains.

Avant que le lord de Gilsland eût pu lui répondre, on entendit quelque bruit hors de la tente, et l'on vint annoncer que la reine arrivait.

— Retiens-la, retiens-la, Neville! s'écria le roi; ce spectacle n'est pas fait pour les yeux d'une femme. Faut-il que je me sois laissé enflammer la bile à ce point par un misérable traître! De Vaux, dit-il à voix basse au lord Gilsland, emmène-le par la sortie de derrière. Enferme-le bien; tu me réponds de lui, corps pour corps. Et écoute-moi : il va mourir; qu'il ait un père spirituel : nous ne voulons pas tuer l'ame et le corps. — Attends, nous ne voulons pas qu'il soit déshonoré. Qu'il meure en chevalier, avec son baudrier et ses éperons ; car, si sa trahison est aussi noire que l'enfer, son intrépidité égale celle du diable.

De Vaux fut charmé, si on peut conjecturer la vérité, que Richard terminât cette scène sans se dégrader en donnant de sa propre main la mort à un prisonnier qui ne faisait aucune résistance ; il se hâta de faire sortir Kenneth, et l'emmena dans une autre tente où on le désarma pour lui mettre les fers aux pieds et aux mains par mesure de sûreté. De Vaux regarda avec un air d'attention mélancolique les officiers du grand prévôt, à la garde duquel le prisonnier était alors confié, prendre ces précautions sévères.

Lorsqu'ils eurent fini, il dit au malheureux criminel avec une voix solennelle : — La volonté du roi Richard est que vous mouriez sans être dégradé, sans mutilation de votre corps, sans honte pour vos armes : votre tête sera séparée de votre corps par le glaive.

— C'est une preuve de bonté, dit le chevalier d'un ton bas et soumis, comme un homme qui reçoit une faveur inattendue ; le coup le plus cruel sera épargné à ma famille. O mon père ! mon père !

Cette invocation, quoique faite à voix basse, n'échappa pas à l'oreille de l'Anglais, dont le caractère était bon, quoique brusque, et il eut besoin de passer sa large main sur ses yeux avant de pouvoir reprendre la parole.

—Le bon plaisir de Richard d'Angleterre, dit-il enfin, est aussi que vous puissiez converser avec un saint homme. J'ai rencontré en entrant ici un frère carme qui peut vous préparer à votre long voyage. Il attend en dehors que vous soyez dans une disposition propre à le recevoir.

— Que ce soit sur-le-champ, répondit le chevalier. C'est une nouvelle bonté de Richard. Je ne puis être en aucun temps mieux disposé à voir le bon père que je ne le suis en ce moment, car la vie et moi nous nous sommes fait nos adieux, comme des voyageurs arrivant à un carrefour où leurs routes tournent de différens côtés.

— C'est bien, dit De Vaux avec une lenteur solennelle. J'éprouve quelque peine à vous faire part du reste de ma mission. La volonté du roi Richard est que vous vous prépariez à recevoir la mort sur-le-champ.

—Que la volonté de Dieu et du roi s'accomplisse! dit sir Kenneth avec patience; je ne conteste pas la justice de sa sentence, et je ne demande pas que l'exécution en soit retardée.

De Vaux fit quelques pas pour sortir de la tente, mais très-lentement. Il s'arrêta à la porte, et se retourna pour regarder l'Écossais, dont la physionomie annonçait qu'il avait banni toutes pensées mondaines, et qu'il se recueillait dans une profonde dévotion. Le vaillant baron anglais n'était pas doué d'une sensibilité très-vive; mais, en ce moment, il se sentit ému d'une compassion plus qu'ordinaire. Il se rapprocha de la botte de roseaux sur laquelle le prisonnier était assis, prit une de ses mains chargées de fers, et lui dit avec autant de douceur que sa voix brusque pouvait en exprimer :

— Sir Kenneth, tu es encore jeune, tu as un père. Mon Ralph, que j'ai laissé exerçant son petit cheval de Galloway sur les bords de l'Irthing, arrivera peut-être un jour à ton âge; et fasse le ciel que je voie sa jeunesse promettre tout ce que promettait la tienne avant cette malheureuse nuit! Ne puis-je rien dire ou faire en ta faveur?

— Rien, répondit l'Écossais d'un ton mélancolique. J'ai abandonné mon poste; la bannière confiée à ma garde a été enlevée : quand le bloc et le glaive seront prêts, la tête et le tronc le seront aussi.

— Que Dieu ait donc pitié de toi! dit De Vaux. Et cependant je voudrais qu'il m'en eût coûté mon meilleur coursier, et que je me fusse chargé moi-même de garder ce poste. Il y a du mystère dans cette histoire, jeune homme; il ne faut pas être bien clairvoyant pour s'en apercevoir, quoique je ne puisse l'expliquer. De la lâcheté? Allons donc, jamais lâche n'a combattu comme je t'ai vu combattre. De la trahison? Je ne crois pas que les traîtres meurent avec tant de calme. Tu as été détourné de ton poste par quelque ruse, par quelque stratagème bien ourdi; les cris de quelque fille en détresse ont frappé ton oreille, ou le sourire de quelque joyeuse créature t'a séduit les yeux. N'en rougis pas, nous cédons tous à de pareilles tentations. Allons, je t'en prie, allège le poids de ta conscience en t'adressant à moi. Que je te serve de prêtre. Richard est indulgent quand sa colère est passée. Eh bien! n'as-tu rien à me confier?

— Rien, répondit l'infortuné chevalier en se détournant du guerrier compatissant qui l'interrogeait ainsi.

De Vaux, qui avait épuisé ses moyens de persuasion, se leva, et sortit de la tente les bras croisés et avec plus de mélancolie qu'il ne lui semblait que l'occasion ne l'exigeait. Il se reprochait même qu'un événement aussi simple que la mort d'un Écossais pût l'affecter si profondément.

— Cependant, se dit-il à lui-même, quoique ces drôles soient nos ennemis dans le Cumberland, on les regarde presque comme des frères en Palestine.

CHAPITRE XVI.

> « Quelque bon sens, à ce qu'on dit,
> » Sens commun distinguait la dame :
> » Elle avait, comme une autre femme,
> » Du babillage au lieu d'esprit. »
> *Chanson.*

La reine Bérengère, fille de Don Sanche, roi de Navarre, et épouse du valeureux Richard, passait pour une des plus belles femmes de son siècle. Sa taille était légère et de proportions admirables. Elle avait une beauté de teint peu commune dans son pays, une abondance de cheveux blonds, un si grand air de jeunesse, qu'on lui aurait donné quelques années de moins qu'elle n'en avait, quoiqu'elle ne comptât encore que vingt-un ans. Peut-être était-ce pour cela qu'elle prenait, ou du moins qu'elle affectait des manières un peu enfantines et une humeur volontaire, qu'elle pouvait supposer n'être pas messéante à une jeune épouse à qui son âge et son rang donnaient le droit d'avoir des fantaisies auxquelles c'était un devoir pour chacun de se prêter; du reste, d'une humeur facile et gaie, si on lui accordait la part d'hommages et d'admiration qu'elle se croyait due, personne n'avait une bonté plus aimable. Mais, de même que tous les despotes, plus on lui accordait volontairement de pouvoir, plus elle désirait étendre son autorité.

Quelquefois, quand tous les désirs de son ambition étaient satisfaits, il lui plaisait d'avoir une petite indisposition et ce qu'on a depuis appelé des vapeurs. Les médecins ne cessaient d'inventer des noms pour ses maladies imaginaires, tandis que ses dames mettaient leur imagination à la torture pour lui trouver de nouveaux divertissemens, de nouvelles parures et de nouvelles médisances de cour, afin de passer ces heures désagréables pendant lesquelles leur situation n'était pas très-digne d'envie. Leur ressource la plus ordinaire était quelque espièglerie, quelque tour qu'elles se jouaient les unes aux autres; et la bonne reine, dans la vivacité de sa gaieté renaissante, n'examinait pas trop, pour dire la vérité, si de semblables passe-temps convenaient parfaitement à sa dignité, et si la peine qu'ils faisaient souffrir à celles qui servaient de jouet aux autres n'était pas hors de proportion avec le plaisir qu'elle en tirait elle-même. Elle avait la plus grande confiance dans son crédit sur son époux et dans le pouvoir qu'elle se supposait d'indemniser grandement les autres de tout ce que ses plaisanteries pouvaient leur coûter. On aurait pu la comparer à une jeune lionne jouant en toute liberté sans savoir combien ses griffes sont perçantes pour ceux sur qui elle les appuie.

La reine Bérengère aimait passionnément son époux, mais elle craignait son caractère brusque et hautain; et, comme elle sentait qu'elle n'était pas douée d'une intelligence égale à la sienne, elle n'était pas très-charmée de voir qu'il préférait souvent causer avec Edith Plantagenet, uniquement parce qu'il trouvait en elle une conversation plus agréable, un jugement plus solide, des idées et des sentimens plus nobles que dans sa belle moitié. Cette sorte de préférence n'avait pas inspiré de haine à Bérengère contre Edith; il s'en fallait même de beaucoup qu'elle désirât lui nuire; car, en lui passant un peu d'égoïsme, elle était, après tout, avons-nous dit, bonne et généreuse; mais les dames de la cour, dont les yeux sont toujours clairvoyans en pareil cas, découvrirent bientôt qu'une raillerie piquante dirigée contre lady Edith était un spécifique assuré contre les vapeurs de la reine d'Angleterre, et cette découverte épargna beaucoup de travail à leur imagination.

Cette conduite n'était pourtant pas très-généreuse, car lady Edith passait pour orpheline; et, quoiqu'on l'appelât Plantagenet et la belle Angevine, et que Richard lui eût accordé certains privilèges dont les membres de la famille royale jouissaient seuls, et qui faisaient qu'elle tenait sa place en conséquence dans le cercle de la cour, cependant peu de personnes savaient, et personne de la cour d'Angleterre n'avait osé demander quel était exactement le degré de sa parenté avec Cœur-de-Lion. Elle était venue avec Éléonore, la célèbre reine-mère d'Angleterre, et avait joint Richard à Messine, comme une des dames destinées à être attachées à Bérengère, qu'il était alors sur le point d'épouser. Richard traitait toujours sa parente avec beaucoup de respect ; la reine en avait fait sa compagne la plus assidue ; et, en dépit de la petite jalousie dont nous venons de parler, elle lui témoignait en général les égards convenables.

Pendant assez long-temps les dames de la maison de la reine n'avaient obtenu d'autre avantage sur Edith que de trouver quelquefois l'occasion de critiquer une parure de tête arrangée avec trop peu d'art, ou une robe qui ne lui allait pas, mystères dans la connaissance desquels il était reconnu qu'elle leur était inférieure. Le dévouement silencieux du chevalier écossais n'avait point passé sans être remarqué, et ses couleurs, sa devise, ses faits d'armes, avaient excité l'attention et fourni matière à plus d'une plaisanterie. Vint ensuite le pèlerinage à Engaddi, pèlerinage que la reine avait entrepris avec quelques dames de sa maison par suite d'un vœu qu'elle avait fait pour obtenir la guérison de son époux, et que l'archevêque de Tyr l'avait excitée à faire, par des motifs politiques. Ce fut alors, et dans la chapelle de ce saint lieu, communiquant par un étage supérieur à un couvent de carmélites, et par un souterrain à la cellule de l'anachorète, qu'une des dames de la suite de la reine remarqua la preuve secrète d'intelligence qu'Edith avait donnée à son amant, et elle ne manqua pas d'en faire part sur-le-champ à Sa Majesté. La reine revint de son pèlerinage enrichie de cette admirable recette contre l'ennui et les vapeurs, et son cortège fut augmenté en même temps de deux misérables nains dont lui fit présent la reine détrônée de Jérusalem, et qui étaient aussi difformes et aussi fous qu'aucune reine aurait pu le désirer, puisque c'était là le mérite de cette race dégradée. Bérengère avait voulu se procurer un amusement en voyant quel effet produirait sur le chevalier l'apparition subite de ces deux êtres peu ordinaires et presque effrayans, tandis qu'il était resté seul dans la chapelle; mais le sang-froid de l'Écossais et l'intervention de l'ermite l'avaient privée du plaisir qu'elle s'était promis. La seconde plaisanterie qu'elle s'était permise à son retour dans le camp menaçait d'avoir des suites plus sérieuses.

Lorsque sir Kenneth se fut retiré de la tente, les dames se réunirent encore, et la reine, d'abord peu émue par les reproches que lui fit Edith avec assez de vivacité, ne lui répondit qu'en la plaisantant sur sa pruderie, et en lançant des sarcasmes sur le costume, la nation, et surtout la pauvreté du chevalier du Léopard; elle déployait une malice enjouée, quoique toujours avec bonne humeur; et enfin Edith fut obligée de se retirer avec son inquiétude dans son appartement.

Mais lorsque, dans la matinée, une femme qu'elle avait chargée de prendre des renseignemens sur ce qui s'était passé pendant la nuit vint lui annoncer que la bannière avait disparu, ainsi que le champion chargé de la garder, Edith courut à l'appartement de la reine, et la supplia de se lever, de se rendre sur-le-champ dans la tente du roi, et d'employer sa médiation puissante pour prévenir les suites funestes de sa plaisanterie.

La reine, effrayée à son tour, rejeta, suivant l'usage, la faute de sa folie sur celles qui l'entouraient, et s'efforça d'adoucir le chagrin d'Edith et d'apaiser son mécontentement par mille raisonnemens contradictoires. Elle était sûre qu'il n'avait pu arriver aucun accident, le chevalier dormait sans doute après sa faction nocturne; quand même il se serait enfui avec la bannière, de crainte du déplaisir du roi, la bannière n'était qu'un morceau de soie, et il n'était lui-même qu'un pauvre aventurier; s'il était mis en prison, ce ne serait qu'une punition momentanée; elle obtiendrait bientôt sa grace; il ne fallait que donner à la colère de Richard le temps de se calmer.

Elle continua ainsi à parler à tort et à travers, et à entasser inconséquences sur inconséquences, dans le vain projet de convaincre Edith et de se persuader à elle-même qu'il ne pouvait résulter aucun malheur d'une plaisanterie dont, au fond du cœur, elle se repentait amèrement. Mais tandis qu'Edith cherchait à arrêter ce torrent de vaines paroles, ses yeux rencontrèrent ceux d'une dame de la reine qui entrait en ce moment dans l'appartement: la mort était dans ses regards glacés d'horreur et d'effroi, et Edith, au premier coup d'œil qu'elle jeta sur elle, serait tombée évanouie si le soin de sa dignité et l'élévation naturelle de son caractère ne l'eussent mise en état de conserver du moins une sorte de calme extérieur.

— Madame, dit-elle à la reine, ne perdez pas un instant de plus en paroles; mais sauvez-lui la vie, si toutefois, ajouta-t-elle d'une voix entrecoupée d'émotion, il est encore temps de la lui sauver.

— Oui, oui, il en est encore temps, s'écria lady Caliste. Je viens d'apprendre qu'il a été conduit devant le roi. Non, il n'est pas encore trop tard; mais, ajouta-t-elle en versant un torrent de larmes, arrachées en partie par quelques appréhensions personnelles, tout est perdu si l'on ne prend promptement un parti.

— Je fais vœu, dit la reine poussée à l'extrémité, de donner un chandelier d'or au saint sépulcre, une châsse d'argent à Notre-Dame d'Engaddi, une pièce de brocart de cent besans à saint Thomas d'Orthez.

— Levez-vous, madame, levez-vous, dit Edith; appelez tous les saints à votre aide, si bon vous semble, mais soyez vous-même votre première sainte.

— En vérité, madame, dit Caliste effrayée, lady Edith a raison. Levez-vous, allons à la tente du roi Richard, et demandons-lui la vie de ce pauvre chevalier.

— J'irai, je vais y aller, dit la reine en se levant toute tremblante, tandis que ses femmes, en proie à une confusion égale à la sienne, étaient hors d'état de lui rendre les services qui lui étaient indispensables à son lever. Calme et tranquille en apparence, mais pâle comme la mort, Edith servit elle-même la reine, et suppléa elle seule à l'inaction de toutes les autres.

— Vous remplissez bien votre service! mesdames, dit la reine, incapable même en ce moment de perdre de vue des distinctions frivoles. Est-ce ainsi que vous souffrez que lady Edith s'acquitte de vos devoirs? Vous le voyez, Edith, elles ne sont bonnes à rien. Je ne serai jamais prête à temps; je vais envoyer chercher l'archevêque de Tyr, et le charger de remplir les fonctions de médiateur.

— Oh, non, non! s'écria Edith; allez-y vous-même, madame; vous avez fait le mal, c'est à vous de le réparer.

— Eh bien, j'irai, j'irai, dit la reine; mais si Richard est en colère, je n'oserai lui parler; il me tuerait.

— Allez-y, et ne craignez rien, madame, dit lady Caliste, qui connaissait mieux l'humeur de sa maîtresse; un lion courroucé qui jetterait un seul regard sur une taille et des traits semblables perdrait à l'instant toute idée de colère; à plus forte raison un vrai chevalier, un roi qui vous aime, Richard, pour qui votre moindre désir serait un ordre.

— Le crois-tu, Caliste? répondit la reine. Ah! tu ne sais guère..... J'irai cependant. Mais voyez donc! que veut dire ceci? Vous m'avez mis une robe verte, et c'est une couleur qu'il déteste; donnez-m'en une bleue, et cherchez le collier de rubis qui faisait partie de la rançon du roi de Chypre; il doit être dans le coffret d'acier, ou quelque part ailleurs.

— Et tout cela quand il y va de la vie d'un homme! s'écria Edith avec indignation; c'est mettre à bout la patience humaine! Ne vous dérangez pas, madame, j'irai moi-même trouver le roi Richard. Je suis partie intéressée dans cette affaire; je saurai si l'on doit se faire un jeu de l'honneur d'une pauvre fille de son sang, s'il est permis d'abuser de son nom pour détourner un brave guerrier de son devoir, le conduire à la mort et à l'ignominie, et faire en même temps de l'honneur de l'Angleterre la risée de toute l'armée chrétienne.

A cet élan d'un emportement inattendu, Bérengère parut comme stupéfaite par la crainte et l'étonnement. Mais voyant qu'Edith allait sortir de la tente, elle s'écria d'une voix faible : — Retenez-la! retenez-la!

— Arrêtez, noble lady Edith, dit Caliste en la retenant doucement par le bras; et vous, madame, je suis sûre que vous allez partir sans tarder davantage. Si lady

Edith va seule trouver le roi, il sera plus courroucé que jamais, et une mort ne suffira pas à sa colère.

— Je vais partir, je pars, dit la reine, cédant à la nécessité. Et Edith s'arrêta, quoiqu'à contre-cœur, pour attendre son départ.

On fit alors autant de diligence qu'elle aurait pu le désirer. La reine s'enveloppa à la hâte d'une grande mante qui cachait toutes les irrégularités de sa toilette, et, accompagnée d'Edith et de ses dames, précédée et suivie de quelques hommes d'armes et de leurs officiers, elle se rendit à la tente de Cœur-de-Lion, son époux.

CHAPITRE XVII.

> « Chacun de ses cheveux contiendrait une vie.
> » Autant de fois dix fois qu'il compte de cheveux
> » On me conjurerait d'épargner l'un d'entre eux,
> » Qu'avant la fin du jour il perdrait la dernière.
> » Chaque vie immolée à ma juste colère
> » S'éteindrait tour à tour, comme, quand le jour luit,
> » Ou éteint les flambeaux allumés pour la nuit. »
>
> Ancienne comédie.

Lorsque la reine Bérengère arriva devant la tente de Richard, les officiers du roi qui étaient dans l'appartement d'entrée du pavillon s'opposèrent à ce qu'elle y entrât, à la vérité avec tout le respect et tous les égards qui lui étaient dus, mais enfin ils s'y opposèrent; elle put entendre elle-même la voix sévère du roi leur en donner l'ordre.

— Vous le voyez, dit-elle à Edith comme si elle eût épuisé tous les moyens d'intercession qui étaient en son pouvoir; je le savais; le roi ne veut pas nous recevoir.

En même temps elles entendirent Richard parler à quelqu'un dans son appartement.

— Va-t'en, drôle, disait-il, et remplis tes fonctions avec célérité, car c'est en cela que consiste ta merci. Dix besans pour toi, si tu l'expédies d'un seul coup. Et écoute-moi, drôle; remarque bien si ses joues perdent leurs couleurs, si ses paupières sont agitées, si son œil se ternit; fais attention au moindre tressaillement de ses traits. J'aime à savoir comment le brave fait face à la mort.

— S'il voit mon glaive levé sans tressaillir, il sera le premier, répondit une voix dure qu'un sentiment de respect extraordinaire semblait abaisser au-dessous du ton grossier qui lui était habituel.

Edith ne put garder plus long-temps le silence.

— Si Votre Majesté ne veut pas se faire faire place, dit-elle à la reine, je lui ouvrirai moi-même le chemin, ou, si ce n'est pas pour Votre Majesté, ce sera du moins pour moi. Officiers, la reine veut parler au roi Richard; l'épouse demande à voir son mari.

— Noble dame, répondit le chef des officiers en baissant la baguette, signe officiel de sa dignité, je suis fâché de vous refuser; mais Sa Majesté est occupée d'affaires de vie et de mort.

— Et nous voulons aussi lui parler d'affaires où il y va de la vie et de la mort, répliqua Edith. Suivez-moi, madame; j'ouvrirai passage à Votre Majesté.

Et repoussant d'une main l'officier, elle ouvrit de l'autre le rideau qui fermait la porte.

DU TEMPS DES CROISADES. 43

— Je n'ose m'opposer aux désirs de Votre Majesté, dit l'officier en cédant à la violence d'Edith; et, s'étant écarté, la reine se trouva obligée d'entrer dans l'appartement du roi.

Le monarque était étendu sur son lit; et à quelque distance, comme attendant ses derniers ordres, était debout un homme dont il n'était pas difficile de deviner la profession. Il portait une jaquette de drap rouge, dont les manches ne descendaient qu'à deux pouces des épaules, laissant nu le reste du bras. Pour vêtement de dessus, il avait, lorsqu'il était sur le point, comme en ce moment, de remplir ses horribles fonctions, une espèce d'habit sans manches, ou de tabard, à peu près semblable à celui d'un héraut, en cuir de bœuf tanné, et teint par-devant de plusieurs larges taches d'un cramoisi foncé. La jaquette et le tabard descendaient jusqu'aux genoux, et ses vêtemens inférieurs étaient du même cuir que le tabard. Un grossier bonnet de poil couvrait la partie supérieure d'un visage que, comme le hibou, il semblait désirer dérober à la lumière, et sur son menton croissait une barbe rousse épaisse, qui allait rejoindre des cheveux de même couleur. Tout ce qu'on voyait de ses traits avait un air dur et sauvage. Il était de petite taille, mais fortement constitué, ayant un cou comme un taureau, de larges épaules, des bras d'une longueur disproportionnée, et de grosses jambes tortues. Ce personnage officiel, à mine farouche, était appuyé sur un glaive dont la lame avait plus de quatre pieds de longueur, et dont la poignée, d'environ vingt pouces, entourée d'un cercle de plomb, qu'on nommait alors un *plomet*, pour former un contrepoids à la lourdeur d'une telle lame, s'élevait au-dessus de sa tête; il avait un bras appuyé sur la poignée, et attendait les dernières paroles du roi Richard.

En voyant entrer tout à coup la reine et ses dames, Richard, étendu sur son lit, le visage tourné vers la porte, et appuyé sur le coude en parlant à l'horrible ministre de ses volontés, parut surpris et mécontent, et fit un mouvement subit de l'autre côté pour leur tourner le dos, en ramenant sur lui sa couverture, qui, soit par son propre choix, soit plus probablement par la flatterie des officiers de sa chambre, consistait en deux grandes peaux de lion, tannées à Venise avec tant de perfection qu'elles semblaient plus douces que la peau du daim.

Bérengère, telle que nous l'avons décrite, savait fort bien (et quelle femme l'ignore?) ce qu'elle avait à faire pour s'assurer la victoire. Après avoir jeté un regard de terreur sans affectation sur l'effrayant compagnon des conseils secrets de son époux, elle se précipita vers la couche de Richard, se jeta à genoux; sa mante, qui abandonna ses épaules, y laissa flotter les belles tresses de ses cheveux dorés. Un poète aurait pu comparer son visage à un soleil qui perce un nuage, mais dont la pâleur porte encore des marques qui prouvent que sa splendeur a été naguère obscurcie. Elle saisit la main droite du roi, qui venait de s'en servir pour remonter sa couverture, et la tirant à elle peu à peu avec une force à laquelle Richard ne résistait que faiblement, elle s'empara de ce bras, l'appui de la chrétienté et l'effroi du paganisme, et, l'emprisonnant dans ses charmantes petites mains, elle le plia sur son front et l'approcha de ses lèvres.

— Que signifie cela, Bérengère? demanda Richard

sans tourner la tête vers elle, mais sans chercher à retirer sa main.

— Renvoyez cet homme! son regard me tue, murmura la reine.

— Va-t'en drôle, dit Richard sans encore changer de posture. Es-tu fait pour te montrer devant ces dames? Qu'attends-tu?

— Le bon plaisir de Votre Majesté touchant la tête....

— Retire-toi, chien.... La sépulture chrétienne.

Le sauvage disparut après avoir jeté sur la belle reine, que sa parure en désordre semblait rendre encore plus belle, un regard accompagné d'un sourire d'admiration dont l'expression était encore plus hideuse, s'il est possible, que l'air féroce de son espèce de misanthropie cynique.

— Et maintenant, jeune folle, que me veux-tu? dit Richard en se tournant lentement et comme à regret vers son épouse suppliante.

Mais il n'était pas dans la nature qu'aucun homme, que Richard surtout, qui admirait la gloire seule plus que la beauté, pût voir sans émotion la frayeur d'une femme aussi charmante que Bérengère, et sentir sans un mouvement de sympathie des lèvres si douces s'appuyer sur sa main, et des yeux si brillans la mouiller de larmes. Peu à peu, il tourna vers elle ses traits mâles, adoucissant autant que possible l'expression de ses grands yeux bleus, dont il était quelquefois difficile de soutenir l'éclat. Caressant la jolie tête de son épouse, et entrelaçant ses longs doigts dans les tresses de ses beaux cheveux, il la releva, et embrassa tendrement le visage céleste qui semblait vouloir se cacher dans sa main. Les formes robustes du roi, son front noble et élevé, son air majestueux, les peaux de lion qui le couvraient, et la charmante et faible créature agenouillée à son côté, auraient pu servir de modèle pour représenter une réconciliation d'Hercule avec son épouse Déjanire.

— Et encore une fois, demanda Richard, que vient chercher la souveraine de mon cœur dans le pavillon de son chevalier, à une heure si matinale et si peu ordinaire?

— Pardon, mon gracieux souverain, pardon, dit la reine, que ses craintes commençaient de nouveau à rendre peu capable de remplir les fonctions de médiatrice.

— Pardon! et de quoi? demanda le roi.

— D'abord, dit la reine, d'avoir été trop hardie et trop malavisée en me présentant en votre présence royale, et....

Elle se tut.

— Toi, trop hardie! dit le roi. Autant vaudrait que le soleil cherchât à s'excuser de ce que ses rayons entrent par la fenêtre du donjon qu'habite un pauvre misérable. Mais j'étais occupé d'une affaire à laquelle ta présence n'était pas convenable, ma bonne Bérengère. D'ailleurs je ne voulais pas que tu risquasses une santé qui m'est si précieuse en entrant dans un lieu naguère habité par la maladie.

— Mais vous vous portez bien maintenant? dit la reine, cherchant à éloigner l'instant où il faudrait qu'elle expliquât le motif de sa visite.

— Assez bien, répondit Richard, pour rompre une lance contre le champion audacieux qui refuserait de te reconnaître pour la plus belle de toute la chrétienté.

— Vous ne me refuserez donc pas, ajouta la reine, de m'octroyer un don, rien qu'un seul, rien qu'une pauvre vie?

— Ah! s'écria Richard en fronçant les sourcils; continue.

— Ce malheureux chevalier écossais, dit Bérengère...

— Ne me parlez pas de lui, madame, dit le roi en l'interrompant. Il mourra! son arrêt est irrévocable.

— Sire, mon cher époux, continua la reine, après tout, ce n'est qu'une bannière de soie qui a été négligée. Bérengère vous en brodera une autre de sa propre main, aussi riche qu'aucune de celles que le vent ait jamais agitées; je l'ornerai de toutes les perles que je possède, et chaque perle sera accompagnée d'une larme de reconnaissance pour mon généreux époux.

— Tu ne sais ce que tu dis, s'écria le roi d'un ton courroucé. Des perles! crois-tu que toutes les perles de l'Orient puissent réparer l'offense faite à l'honneur de l'Angleterre? que toutes les larmes que l'œil d'une femme puisse verser soient capables d'effacer une tache faite à la renommée de Richard? Retirez-vous, madame; apprenez à mieux connaître les temps et les lieux, et à vous renfermer dans votre sphère. Je ne suis occupé en ce moment d'aucun soin que je puisse partager avec vous.

— Vous voyez, dit la reine à Edith à demi-voix, que nous ne faisons que l'irriter davantage.

— Eh bien! dit Edith en s'avançant, sire, c'est moi, votre parente, qui implore votre justice plutôt que votre merci; et dans tous les temps, dans tous les lieux, dans toutes les circonstances, l'oreille d'un souverain doit être ouverte au cri qui demande justice.

— Ah! notre cousine Edith! dit Richard en se mettant sur son séant, couvert de sa longue *camescia*; elle parle toujours en roi, et c'est en roi que je lui répondrai, pourvu qu'elle ne me fasse pas de requête indigne d'elle ou de moi.

La beauté d'Edith avait un air plus noble, quoique moins voluptueux que celle de la reine; mais l'impatience et l'inquiétude avaient donné à ses joues un coloris qui leur manquait quelquefois, et il y avait dans sa physionomie un caractère d'énergie et de dignité qui imposa silence quelques instants à Richard même, qu'on voyait contenir difficilement son impétuosité naturelle.

— Sire, dit-elle, le brave chevalier dont vous allez répandre le sang a rendu plus d'un service à la chrétienté. Il a manqué à son devoir par suite d'un piège qui lui a été tendu par la folie et l'inconséquence. Un message lui a été envoyé au nom d'une personne qui..., et pourquoi ne le dirais-je pas? un message envoyé en mon nom, sire, l'a engagé à quitter un instant son poste. Et quel chevalier, dans tout le camp chrétien, n'aurait pas commis la même faute d'après l'ordre d'une damoiselle qui, quelque pauvre qu'elle soit à tous autres égards, a pourtant dans ses veines le sang des Plantagenet?

— Et vous l'avez donc vu? demanda le roi en se mordant les lèvres pour maîtriser sa colère.

— Je l'ai vu, sire. Il est inutile d'expliquer pourquoi : je ne suis ici ni pour me disculper ni pour accuser personne.

— Et où lui avez-vous fait un tel honneur?

— Sous le pavillon de Sa Majesté la reine.

— De notre royale épouse! s'écria Richard. Par le

ciel, par saint George d'Angleterre, par tous les saints qui marchent sur le cristal du firmament, cela est trop audacieux! J'avais remarqué et j'ai négligé de punir l'insolente admiration de ce guerrier pour une femme d'un rang si supérieur au sien; je n'ai pas trouvé mauvais qu'une personne issue de mon sang répandît sur lui, du haut de sa sphère, la même influence qu'exerce le soleil sur la terre placée si au-dessous de lui; mais, ciel et terre! que vous lui ayez accordé une entrevue pendant la nuit, et dans la tente de notre royale épouse, et que vous osiez faire valoir cette circonstance comme une excuse de sa désobéissance et de sa désertion! Par l'ame de mon père, Edith, tu expieras cette faute toute ta vie dans un monastère!

— Sire, répondit Edith, votre rang vous donne le privilège de la tyrannie. Mon honneur est aussi intact que le vôtre, et Sa Majesté la reine peut le prouver si elle le juge convenable. Mais j'ai déjà dit que je n'étais ici ni pour m'excuser, ni pour accuser personne; je ne vous demande que d'accorder à un homme qui n'a commis une faute que par suite d'une forte tentation cette merci que vous-même, sire, vous aurez à implorer un jour devant un tribunal plus élevé, et peut-être pour des fautes moins vénielles.

— Est-ce bien là Edith Plantagenet? dit le roi avec amertume; est-ce la sage et noble Edith Plantagenet, ou n'est-ce pas plutôt une femme à qui l'amour a fait perdre la raison, et qui préfère à sa réputation la vie de son indigne amant? Par l'ame du roi Henry! je ne sais à quoi il tient que je n'ordonne qu'on apporte de l'échafaud le crâne de ton galant, et qu'on en fasse un ornement pour le crucifix que tu auras dans ta cellule.

— Et si vous le retirez de l'échafaud pour le placer à jamais sous mes yeux, dit Edith, je dirai que c'est une relique d'un brave chevalier cruellement et indignement mis à mort par ordre d'un.... par ordre d'un prince dont je dirai seulement qu'il aurait dû mieux savoir récompenser la vertu chevaleresque. — Vous l'appelez mon amant, continua-t-elle avec une véhémence toujours croissante; oui sans doute, il était mon amant, et mon amant fidèle; mais jamais il ne rechercha mes bonnes graces par une seule parole ou par un seul regard, se contentant de me rendre l'hommage respectueux qu'on accorde aux saints. Et voilà pourquoi il faut que périsse un chevalier vertueux, vaillant, fidèle.

— Silence! silence! par compassion! lui dit la reine à voix basse; vous ajoutez encore à sa colère.

— Peu m'importe? répliqua Edith; la vierge sans tache ne craint pas le lion rugissant. Qu'il fasse ce qu'il voudra de ce digne chevalier : Edith, pour qui il meurt, saura comment pleurer sa mémoire. Qu'on ne me parle plus d'alliances politiques à sanctionner par le don de cette pauvre main; je n'aurais pas pu, je n'aurais pas voulu être son épouse pendant sa vie, la différence de nos rangs était trop grande; mais la mort nivelle tous les rangs : dorénavant je suis l'épouse d'un mort.

Le roi allait se livrer à son emportement quand un carme entra précipitamment dans son appartement. Sa tête et toute sa personne étaient cachées sous le froc et le capuchon du tissu de laine le plus grossier, qui distinguait son ordre. Se jetant à genoux devant Richard, il le conjura au nom de tout ce qu'il y avait de plus saint, tant de vive voix que par ses gestes expressifs, d'accorder un sursis à l'exécution.

— Par le glaive et le sceptre! s'écria le roi, tout le monde est ligué pour me faire perdre l'esprit. Les fous, les femmes, les moines, me contrecarrent à chaque pas. Comment se fait-il qu'il vive encore?

— Sire, j'ai supplié le lord de Gilsland de surseoir à l'exécution jusqu'à ce que je me fusse jeté à vos pieds.

— Et il a pris sur lui de t'accorder ta requête! mais c'est un trait de son obstination ordinaire. Et qu'as-tu à me dire? parle, au nom du diable!

— Sire, il y a un secret important; mais il m'a été confié sous le sceau de la confession, je n'oserais le révéler; mais je vous jure par mon saint ordre, par l'habit que je porte, par le bienheureux Élie, notre fondateur, qui fut transféré de cette vie à l'autre sans souffrir les dernières douleurs auxquels l'humanité est condamnée, que ce jeune homme m'a confié un secret qui, si je pouvais le divulguer, vous ferait révoquer la sentence sanguinaire que vous avez portée contre lui.

— Bon père, les armes que je porte pour l'Église sont une preuve du respect que j'ai pour elle. Faites-moi connaître ce secret, et je ferai ensuite ce que je jugerai convenable; mais je ne suis pas l'aveugle coursier Bayard, pour sauter dans les ténèbres sous le coup d'éperon d'un prêtre.

— Sire, répondit le saint homme, relevant son capuchon, entr'ouvrant son froc, et laissant voir un corps couvert de peaux de chèvres, et un visage tellement maigri par le climat, le jeûne et les austérités, qu'il ressemblait à un squelette plutôt qu'à un être animé, il y a vingt ans que je châtie ce misérable corps dans les cavernes d'Engaddi, faisant pénitence d'un grand crime. Pensez-vous que moi, qui suis mort au monde, je voulusse inventer un mensonge pour mettre mon ame en danger; ou qu'un homme lié par les vœux les plus solennels, qui n'a qu'un désir sur la terre, celui d'être témoin de la reconstruction de notre Sion chrétienne, voulût trahir les secrets du confessionnal? Cette double bassesse me ferait également horreur.

— Ainsi donc tu es cet ermite dont on parle tant. J'avoue que tu ressembles assez à ces esprits qui hantent les lieux arides; mais Richard ne craint pas les esprits. Tu es aussi, à ce que je crois, celui à qui les princes chrétiens ont envoyé ce chevalier criminel pour entamer une négociation avec le soudan, tandis que moi, qui aurais dû être consulté le premier, j'étais malade, étendu sur cette couche. Sois en paix, et qu'ils y soient aussi; je ne mettrai point mon cou dans le nœud coulant formé par le cordon d'un carme. Quant à votre envoyé, il mourra, et d'autant plus tôt et d'autant plus sûrement que tu interviens en sa faveur.

— Que la grace du ciel vous éclaire, sire, dit l'ermite avec la plus vive émotion; vous allez ordonner un crime que vous regretterez ensuite de n'avoir pas empêché, eût-il dû vous en coûter un membre. Homme aveugle et téméraire! arrête pendant qu'il est encore temps.

— Retire-toi! s'écria Richard en frappant du pied; le soleil a éclairé le déshonneur de l'Angleterre, et la vengeance n'a pas encore éclaté. Femmes et prêtre, retirez-vous si vous ne voulez pas entendre des ordres qui ne sont pas faits pour votre oreille, car, par saint George, je jure...

— Ne jurez pas, s'écria la voix de quelqu'un qui entrait dans ce moment dans le pavillon.

— Ah! c'est le savant Hakim, dit le roi. Vous venez, j'espère, pour mettre à l'épreuve notre générosité.

— Je viens vous demander une audience sur-le-champ, et pour une affaire du plus grand intérêt.

— Regardez d'abord ma femme, Hakim, et qu'elle connaisse en vous le sauveur de son mari.

— Il ne m'appartient pas, répondit le médecin en croisant les bras avec un air de modestie et de respect oriental, et en baissant les yeux vers la terre; il ne m'appartient pas de regarder la beauté sans voile, et armée de toute sa splendeur.

— Retirez-vous donc, Bérengère, dit le monarque; et vous aussi, Edith. Ne renouvelez pas vos importunités; tout ce que je puis vous accorder, c'est que l'exécution n'aura lieu qu'à midi. Que cela vous satisfasse. Allez, ma chère Bérengère. — Edith, ajouta-t-il avec un regard qui porta la terreur même dans l'ame courageuse de sa parente, retirez-vous aussi, si vous êtes sage.

Les dames sortirent de la tente en confusion, oubliant totalement le rang et le cérémonial, à peu près comme une troupe d'oiseaux sauvages au milieu de laquelle le faucon vient fondre.

Elles retournèrent dans le pavillon de la reine, où elles se livrèrent à des regrets et à des récriminations inutiles. Edith fut la seule qui parût dédaigner ces moyens vulgaires d'exhaler son chagrin. Sans pousser un soupir, sans verser une larme, sans un seul mot de reproche, elle prodigua ses soins à la reine, dont le caractère faible montra son affliction par des pleurs, des lamentions, et des attaques de nerfs, crise qu'Edith chercha à adoucir avec bienveillance et même avec affection.

—Il est impossible qu'elle ait aimé ce chevalier, dit Florise à Caliste, qui avait un grade au-dessus du sien dans la maison de la reine; nous nous sommes trompées; elle ne s'intéresse à lui que comme à un étranger, et uniquement parce qu'elle a été la cause involontaire du malheur qui lui arrive.

— Chut! chut! répondit sa compagne, qui avait de meilleurs yeux, et plus d'expérience; elle est de la fière maison des Plantagenet, qui ne conviennent jamais qu'une blessure leur fait mal. On en a vu qui, baignés dans leur sang après avoir reçu un coup mortel, bandaient les égratignures de leurs camarades doués d'une ame moins forte. Florise, nous avons eu bien grand tort; et quant à moi, je donnerais jusqu'au dernier de mes joyaux pour n'avoir jamais songé à cette fatale plaisanterie.

CHAPITRE XVIII.

—

» Pour opérer cette œuvre il nous faut le concours
» Des astres gouvernant nos destins dans leur cours ;
» Il faut que le soleil, d'accord avec Mercure,
» Soit en conjonction puissante autant que sûre.
» Ce sont de grands esprits, fantasques, orgueilleux.
» Pour qu'ils daignent parfois veiller du haut des cieux
» Sur le sort des mortels qui rampent sur la terre,
» Il faut de grands motifs. »

Albumazar.

L'ERMITE suivit les dames qui sortaient du pavillon de Richard, comme l'ombre suit un rayon lumineux lorsque le vent pousse un nuage devant le disque du soleil. Mais il s'arrêta sur le seuil de la porte, et, se retournant vers le roi, il lui dit, le bras étendu, d'un ton prophétique, et dans une attitude presque menaçante :

— Malheur à celui qui rejette les conseils de l'Église, et qui a recours au divan immonde des infidèles ! Roi

Richard, je ne secoue pas encore la poussière de mes pieds pour sortir de ton camp. L'épée ne tombe pas encore ; mais elle n'est suspendue qu'à un cheveu. — Monarque hautain, nous nous reverrons.

Richard lui répondit en le voyant sortir :

— Eh bien soit, orgueilleux prêtre, plus orgueilleux sous tes peaux de chèvre que les princes sous la pourpre et le tissu de lin.

Quand l'ermite fut hors de la tente, le roi continua en s'adressant au médecin.

— Sage Hakim, lui dit-il, les derviches de l'Orient parlent-ils aussi familièrement à leurs princes ?

— Un derviche, répondit Adonebec, doit être un sage ou un fou ; il n'y a pas de milieu pour celui qui porte le kirkhah (1), qui veille la nuit, et qui jeûne le jour. Il en résulte donc qu'il a assez de prudence pour se comporter avec discrétion en présence des princes, ou que, n'ayant pas reçu le don de la raison, il n'est pas responsable de ses actions.

— Il me semble que nos moines ont principalement adopté ce dernier caractère, dit Richard. Mais venons-en au fait. Que puis-je faire pour vous, mon digne médecin ?

— Grand roi, dit El Hakim en le saluant à la manière orientale, permettez que votre serviteur vous adresse la parole avec sécurité. Je voudrais vous rappeler que vous devez, non à moi, qui ne suis que leur humble instrument, mais aux intelligences qui se servent de moi pour répandre leurs bienfaits sur les mortels, une vie...

---

(1) Littéralement *la robe déchirée*, nom qu'on donne à la robe que portent les derviches. — Éd.

— Que tu voudrais que je te payasse en t'en accordant une autre, n'est-ce pas?

— Telle est l'humble prière que j'adresse au grand Melec Ric; je lui demande la vie du bon chevalier qui est condamné à mort pour une faute semblable à celle que commit le sultan Adam, surnommé Aboul Beschar, c'est-à-dire le père de tous les hommes.

— Et ta sagesse, Hakim, aurait pu te rappeler que ce fut pour cette faute qu'Adam fut condamné à la mort, dit Richard d'un ton grave, mais avec quelque émotion; et il se mit à parcourir l'espace étroit contenu dans son appartement, en se parlant à lui-même. Merci de Dieu! j'ai deviné ce qu'il venait faire ici, dès qu'il est entré dans mon pavillon. Voici une pauvre vie que j'ai justement condamnée, et moi roi, moi soldat, par l'ordre de qui la mort a été donnée à des milliers d'hommes, moi dont la main en a immolé par vingtaines, je ne pourrai pas en être le maître, quoique l'honneur de mes armes, de ma maison, et même de mon épouse, ait été entaché par le coupable! Par saint George, cette idée me ferait rire! Par saint Louis! cette aventure me rappelle le fabliau de Blondel, qui parle d'un château enchanté où un chevalier voulait entrer, et au projet duquel des êtres revêtus de différentes formes s'opposaient successivement; dès que l'un s'évanouissait, un autre prenait sa place. Femme, parente, ermite, médecin, à peine ai-je triomphé de l'un, qu'un autre paraît dans la lice; c'est un chevalier seul forcé à combattre contre toute la mêlée dans un tournoi! ha! ha! ha!

Et Richard se mit à rire de tout son cœur, car il commençait à s'apaiser, son courroux étant ordinairement trop violent pour pouvoir être de longue durée.

Pendant ce temps, El Hakim le regardait avec un air de surprise qui n'était pas sans quelque mélange de mépris, car les Orientaux ne pardonnent pas ces changemens subits qui surviennent dans le caractère, et regardent le rire, presque en toute occasion, comme dérogatoire à la dignité de l'homme, et ne convenant qu'aux femmes et aux enfans. Enfin le sage adressa de nouveau la parole au roi quand il le vit un peu plus calme.

— Une sentence de mort ne peut sortir de lèvres qui sourient, dit-il; permets à ton serviteur d'espérer que tu lui as accordé la vie de cet homme.

— Reçois la liberté de mille captifs, répondit Richard; rends un millier de tes concitoyens à leurs tentes et à leurs familles; je vais t'en signer l'ordre à l'instant. La vie de cet homme ne peut te servir à rien, et il est condamné à mort.

— Nous sommes tous condamnés à mourir, dit Hakim en portant la main à son turban; mais notre grand créancier est miséricordieux, et il n'exige le paiement de la dette ni avec un excès de rigueur ni avant le temps.

— Tu ne peux me prouver que tu aies un intérêt spécial à intercéder auprès de moi pour empêcher un acte de justice, justice que je suis tenu de faire exécuter comme roi couronné.

— Vous êtes tenu de pratiquer des actes de merci comme de justice, grand roi; mais c'est votre volonté que vous voulez faire exécuter. Quant à l'intérêt spécial que j'ai à vous faire cette demande, sachez que la vie de bien des hommes dépend du succès qu'elle obtiendra.

— Explique tes paroles, et ne crois pas m'en imposer par de faux prétextes.

— Votre serviteur est bien loin d'avoir un tel projet, sire. Sachez donc que le breuvage auquel vous devez votre guérison, ainsi que beaucoup d'autres, est un talisman composé sous certains aspects du firmament dans les instans où les divines intelligences sont le plus propices. Je ne suis que le pauvre administrateur de ses vertus. Je le trempe dans une coupe d'eau; j'observe l'heure convenable pour l'administrer au malade, et l'efficacité de la potion opère la guérison.

— C'est un remède aussi précieux qu'il est commode, dit Richard; et, comme le médecin peut le porter dans sa bourse, il épargnerait la caravane des chameaux qu'on est obligé d'entretenir pour le transport des drogues. Je suis surpris que l'art de la médecine emploie d'autres moyens.

— Il est écrit, répondit El Hakim avec une gravité imperturbable: — N'insulte pas le coursier qui t'a ramené de la bataille! Sachez donc qu'il est possible, à la vérité, de faire de pareils talismans; mais bien faible est le nombre des adeptes qui ont osé entreprendre d'en appliquer les vertus. De sévères restrictions, des pratiques pénibles, des jeûnes et des pénitences, sont indispensables au sage qui emploie ce moyen de guérir; et si, en négligeant ces préparations solennelles, en se livrant à l'amour du repos ou en s'abandonnant aux plaisirs sensuels, il omet de guérir au moins douze malades par lune, toutes les vertus du don divin abandonnent l'amulette; il est exposé aux plus grands malheurs ainsi que son dernier malade, et tous descendent dans la tombe avant la fin de la révolution de l'année.

Il faut que je sauve encore une vie pour compléter le nombre exigé.

— Va faire un tour dans le camp, bon Hakim, et tu n'y manqueras pas de malades à guérir. Cependant ne dérobe pas ceux de nos médecins, car il ne convient pas à un savant comme toi d'aller sur les brisées des autres. D'ailleurs je ne vois pas comment, en arrachant un criminel à la mort qu'il a méritée, tu pourrais compléter le compte de tes cures miraculeuses.

— Quand vous pourrez expliquer pourquoi un verre d'eau froide vous a guéri, tandis que les drogues les plus précieuses n'avaient pu y réussir, vous pourrez raisonner sur de semblables mystères. Quant à moi, je suis incapable d'opérer aujourd'hui cette grande œuvre, ayant touché ce matin un animal immonde. Ne me faites donc plus de questions à ce sujet, grand roi, et qu'il vous suffise de savoir qu'en épargnant à ma requête la vie de cet homme vous délivrerez d'un grand danger votre serviteur et votre propre personne.

— Écoute, Adonebec, je n'ai pas d'objection à ce que les médecins enveloppent leurs paroles d'obscurité, et prétendent tirer des astres leur connaissances; mais quand tu dis à Richard Plantagenet de craindre un danger pour lui-même à cause de l'omission de quelque cérémonie ou par suite de quelque vain présage, apprends que tu ne parles pas à un Saxon ignorant ou à une vieille radoteuse qui renonce à ce qu'elle voulait faire parce qu'un lièvre traverse son chemin, qu'un corbeau croasse ou qu'un chat éternue.

— Je ne puis faire que vous ne doutiez pas de mes paroles, sire; mais pourtant que Votre Majesté accorde un instant que la vérité est sur les lèvres de son serviteur; croirez-vous juste de priver des vertus de ce précieux talisman le monde entier et tous les infortunés gisant sur le lit de douleur sur lequel vous étiez étendu vous-même il y a si peu de temps, plutôt que d'accorder le pardon d'un pauvre criminel? Songez, grand roi, que, quoique vous puissiez donner la mort à des milliers d'hommes, vous ne pouvez rendre la santé à un seul. Les rois ont le pouvoir de Satan pour détruire, — et les sages celui d'Allah pour guérir; songez donc que vous allez ravir à l'humanité un bienfait que vous ne pouvez lui accorder; vous pouvez faire tomber une tête, mais vous ne pouvez guérir un mal de dents.

— C'est être trop insolent, dit le roi commençant à retrouver sa colère à mesure qu'El Hakim prenait un ton plus élevé et presque impérieux; nous t'avons pris pour médecin, mais non pour conseiller ni pour directeur de notre conscience.

— Et est-ce ainsi que le prince le plus renommé du Frangistan paie un service rendu à sa personne royale? dit Adonebec quittant son attitude jusqu'alors humble et respectueuse pour prendre un air imposant et presque menaçant. Sache donc que dans toutes les cours de l'Europe et de l'Asie, aux musulmans et aux nazaréens, aux chevaliers et aux dames, partout où l'on entend une harpe et où l'on ceint un glaive, partout où l'on respecte l'honneur et où l'on déteste l'infamie, dans toutes les parties du monde, je te dénoncerai, Melec Ric, comme n'ayant ni reconnaissance ni générosité. Même les pays, s'il en existe, qui n'ont jamais entendu parler de ta gloire retentiront du bruit de ta honte.

—Est-ce ainsi que tu oses me parler, vil infidèle! s'écria Richard en s'avançant vers lui avec fureur ; es-tu las de la vie ?

— Frappe! répondit El Hakim ; tes propres œuvres alors te peindront encore mieux que ne pourraient le faire mes paroles, quand chacune d'elles serait armée de l'aiguillon d'une guêpe.

Richard se détourna de lui brusquement, se remit à marcher dans sa tente les bras croisés, et s'écria ensuite : — Ni reconnaissance ni générosité! autant vaudrait être appelé lâche et infidèle! — Hakim, tu as choisi ta récompense ; et quoique j'aimasse mieux que tu m'eusses demandé ma couronne de joyaux, je n'agirais pas en roi si je te refusais. Prends donc cet Écossais sous ta garde; je vais te donner un ordre pour que le grand prévôt te le remette.

Il traça à la hâte deux ou trois lignes, et les remit au médecin.

— Fais-en ton esclave; dispose de lui comme bon te semblera. Seulement qu'il prenne garde de se présenter jamais devant les yeux de Richard. Écoute-moi: tu es sage; il a été trop audacieux parmi celles aux doux regards et au faible jugement de qui nous confions notre honneur dans l'occident, comme vous autres Orientaux vous placez vos trésors dans des coffrets de fils d'argent aussi déliés et aussi fragiles que ceux que file le ver-à-soie.

— Votre serviteur comprend les paroles du grand roi, répondit le sage en reprenant l'air et le ton respectueux qu'il avait au commencement de cet entretien; quand le riche tapis est souillé, le fou montre la tache : le sage la couvre de son manteau. J'ai entendu le bon plaisir de Votre Majesté, et *entendre c'est obéir* (1).

— Il suffit; qu'il veille à sa sûreté en ne se présentant jamais devant moi. Y a-t-il quelque autre chose que je puisse faire pour toi?

— La bonté du roi a rempli ma coupe jusqu'au bord; oui, avec la même libéralité que la source qui jaillit au milieu du camp des descendans d'Israël quand le rocher fut frappé par la verge de Moussa ben Amran (2).

— Oui, dit le roi en souriant, mais il fallait ici, comme dans le Désert, un coup terrible sur le rocher pour qu'il prodiguât ses trésors. Je voudrais pouvoir faire pour toi quelque chose qui coulât aussi librement que la fontaine qui accorde naturellement ses eaux.

— Permettez-moi de toucher cette main victorieuse, répondit le sage, en signe que si Adonebec El Hakim a par la suite une faveur à demander à Richard d'Angleterre il puisse le faire et s'y dire autorisé.

— Tu as pour cela ma main et mon gant, dit Richard; seulement, si tu pouvais compléter à l'avenir ton compte de malades guéris, sans venir me demander d'exempter du châtiment ceux que j'ai si justement condamnés, je m'acquitterais plus volontiers de ma dette de toute autre manière.

— Puissent vos jours se multiplier! répondit El Hakim; et il se retira en lui faisant le salut usité dans l'Orient.

Pendant qu'il sortait, Richard le suivit des yeux en homme qui n'était qu'à demi content de ce qui venait de se passer.

(1) Formule orientale. — Éd.
(2) Moïse, fils d'Amran. — Éd.

— Étrange obstination de cet El Hakim! se dit-il à lui-même; singulier hasard qui arrache cet audacieux Écossais au châtiment qu'il a si justement mérité! Qu'il vive, au surplus, il y aura un brave de plus dans le monde. Maintenant songeons à l'Autrichien. Holà! le baron de Gilsland est-il là?

Sir Thomas de Vaux, appelé ainsi, montra bientôt sa taille épaisse à l'entrée de l'appartement du roi. Derrière lui se glissa comme un spectre, sans être annoncé, sans que personne s'opposât à son passage, le maigre ermite d'Engaddi, couvert d'un manteau de peau de chèvre.

Richard, sans faire aucune attention à la présence de ce dernier, dit à haute voix au baron:

— Sir Thomas Multon de Vaux, baron de Lanercott et de Gilsland, prenez un trompette et un héraut, et rendez-vous à l'instant à la tente de celui qu'on nomme archiduc d'Autriche, et que ce soit au moment où il aura autour de lui le plus grand nombre de ses chevaliers et de ses vassaux, ce qui arrivera probablement à cette heure du jour, car le sanglier allemand déjeune avant d'entendre la messe. Présentez-vous devant lui avec aussi peu de respect que vous le pourrez, et accusez-le de la part de Richard d'Angleterre d'avoir cette nuit, de sa propre main, ou en employant celle des autres, arraché de sa pique notre bannière royale. Pour ce vous lui direz que notre bon plaisir est que dans l'espace d'une heure, à compter de l'instant où je vous parle, il fasse replacer ladite bannière avec tout honneur, lui et ses principaux barons y assistant la tête découverte, et sans porter les marques de leurs dignités. Qu'en outre il arbore à côté, d'une part, la bannière d'Autriche renversée, comme ayant été déshonorée par le vol et la félonie; et de l'autre, une lance portant la tête de celui qui a été son principal conseiller ou son aide pour cette trahison. Vous ajouterez que, ces ordres que nous lui donnons étant ponctuellement exécutés, nous consentons, à cause de notre vœu, et pour le bien de la Terre-Sainte, à lui pardonner ses autres méfaits.

— Et si l'archiduc d'Autriche nie qu'il ait eu aucune part à cet acte d'injustice et de félonie? demanda Thomas de Vaux.

— Dites-lui que nous prouverons cette accusation contre lui les armes à la main, répliqua Richard; oui, quand même il serait soutenu de ses deux plus braves champions. Nous la prouverons en chevaliers, à pied ou à cheval, dans le Désert ou dans le camp; nous lui laissons le choix du lieu, du temps et des armes.

— Songez-vous, sire, dit le baron de Gilsland, à la paix de Dieu et de l'Église, qui doit être maintenue parmi les princes engagés dans cette sainte croisade?

— Songez-vous que vous devez exécuter mes ordres, vassal? s'écria Richard avec impatience. Il semble qu'on s'imagine qu'il ne faut qu'un souffle pour changer nos projets, comme les enfans font voltiger une plume en l'air à droite et à gauche! la paix de l'Église! dis-moi qui y songe à présent? La paix de l'Église parmi les croisés comprend la guerre aux Sarrasins, avec lesquels les princes ont conclu une trêve; le commencement de l'une est la fin de l'autre. D'ailleurs ne vois-tu pas que chacun de ces princes ne cherche que son intérêt particulier? Je veux songer au mien aussi, et mon intérêt c'est mon honneur; c'est pour l'honneur que je suis venu ici, et si je puis en acquérir en combattant contre les Sarrasins, du moins je ne veux en rien perdre vis-à-vis de ce misérable archiduc, quand même tous les princes de la croisade lui serviraient de rempart.

De Vaux se disposait à obéir aux ordres du roi en faisant un léger mouvement d'épaule, sa brusque franchise ne pouvant cacher que ces ordres n'étaient pas d'accord avec son jugement. Mais l'ermite d'Engaddi s'avança en prenant l'air inspiré d'un homme chargé d'ordres plus élevés que ceux que peut donner aucun potentat de la terre. Dans le fait, ses vêtemens de peau de chèvre, sa barbe et ses cheveux en désordre, ses rides, sa maigreur, ses traits défigurés, ses épais sourcils, le feu extraordinaire de ses regards; tout offrait en lui le portrait que nous pouvons nous figurer de ces prophètes des Écritures qui, chargés d'une mission céleste pour les rois pécheurs d'Israël ou de Juda, descendaient des rochers, et sortaient des cavernes où ils demeuraient dans une solitude profonde pour confondre les tyrans de la terre au milieu de leur orgueil, en fulminant contre eux les menaces terribles de la majesté divine, semblables au nuage qui lance les éclairs qu'il porte dans son sein sur les pinacles et les tours des châteaux et des palais.

Au milieu de ses plus grands accès de colère, Richard respectait l'Église et ses ministres, et, quoique mécontent de voir l'ermite entrer dans sa tente avec si peu de cérémonie, il le salua avec un air de bonté, et fit signe en même temps à sir Thomas De Vaux de se hâter de remplir sa mission.

Mais l'ermite, par ses gestes, par ses regards et par ses paroles, défendit au baron de faire un seul pas pour s'acquitter d'un tel message, et, levant son bras nu avec une véhémence qui rejeta son manteau en arrière et montra une épaule maigrie par l'abstinence et couverte des marques des coups de discipline qu'il s'infligeait, il se tourna vers le roi.

— Au nom de Dieu et du très-saint père, vice-roi sur la terre de l'Église chrétienne, dit-il, je défends ce cartel profane, brutal et sanguinaire, entre deux princes chrétiens dont l'épaule porte la bienheureuse marque par laquelle ils se sont juré fraternité. Malheur à celui qui brisera ce lien! Richard d'Angleterre, révoque les ordres impies que tu viens de donner à ce baron. Le danger et la mort sont près de toi. Le poignard brille près de ta gorge, et....

— Le danger et la mort sont les compagnons de Richard, répondit le monarque; et il a trop souvent bravé le glaive pour redouter le poignard.

— Le danger et la mort sont près de toi! répéta l'anachorète d'une voix creuse dont le son ne paraissait pas appartenir à la terre; et après la mort le jugement!

— Bon père, je respecte votre personne et votre sainteté; mais.....

— Ne me respecte pas! respecte plutôt le plus vil insecte qui rampe sur les rives de la mer Morte, et qui se nourrit de son maudit limon; mais respecte celui au nom de qui je te parle; respecte celui dont tu as fait vœu de reconquérir le sépulcre; respecte le serment de concorde que vous avez tous prêté, et ne romps pas le lien argenté d'union et de fidélité qui réunit tous les princes confédérés.

— Bon père, vous autres gens d'église, vous me paraissez avoir un peu de présomption, s'il est permis à un laïque de parler ainsi, et vous comptez trop sur la dignité de votre saint caractère. Sans révoquer en doute le droit que vous avez de prendre soin de notre conscience, je crois que vous pourriez nous laisser celui de veiller à notre honneur.

— De la présomption, roi Richard! Est-ce à moi à avoir de la présomption, quand je ne suis que l'humble sonnette qui obéit à la main du sacristain, le vil et insensible clairon qui transmet les ordres de celui qui en sonne? Vois, je me prosterne à tes pieds pour te conjurer d'avoir pitié de la chrétienté, de l'Angleterre et de toi-même.

— Levez-vous, levez-vous, dit Richard en le relevant lui-même; il ne convient pas que le genou qui fléchit si souvent devant la Divinité presse la terre en l'honneur d'un homme. Quel danger nous menace, révérend père? Depuis quand le pouvoir de l'Angleterre est-il assez déchu pour que l'insolence bruyante de cet archiduc de nouvelle fabrique doive l'alarmer, elle et son monarque?

— J'ai levé les yeux du haut de ma montagne sur l'armée des cieux, tandis que les astres, dans leur course nocturne, se communiquaient leur sagesse les uns aux autres, et répandaient des connaissances sur le petit nombre de ceux qui savent entendre leur langage. Un ennemi siège dans ta Maison-de-Vie, fier monarque; un ennemi dangereux pour ta renommée et pour ta prospérité; une émanation de Saturne, te menaçant d'un péril prochain et sanglant, et qui, à moins que tu ne courbes ta volonté hautaine sous le joug de ton devoir, t'écrasera tout à l'heure au milieu même de ton orgueil.

— Tais-toi! tais-toi! C'est une science païenne; les chrétiens ne la pratiquent pas; les hommes sages n'y croient point; tu es fou, vieillard.

— Je ne suis pas fou, Richard; je ne suis pas assez heureux pour l'être. Je connais ma situation, et je sais qu'une portion de raison m'est encore accordée, non pour moi, mais pour l'avantage de l'Église et les intérêts de la croix; je suis l'aveugle qui tient une torche pour les autres, quoiqu'il n'en voie pas la lumière. Questionne-moi sur ce qui concerne le bien de la chrétienté et celui de cette croisade, et je te répondrai comme le plus sage conseiller de la bouche duquel la persuasion ait jamais découlé. Parle-moi de ce qui a rapport à mon misérable individu, et mes paroles seront celles du méprisable insensé que je suis.

— Je ne voudrais pas rompre les nœuds qui unissent les princes de la croisade, dit Richard d'un ton un peu adouci; mais quelle réparation peuvent-ils me faire pour l'insulte et l'injustice que je viens de souffrir?

— C'est une question à laquelle je suis prêt à répondre, et je suis même autorisé à le faire par le conseil qui, convoqué par Philippe de France, s'est assemblé à la hâte et a déjà pris des mesures à cet effet.

— Il est étrange que d'autres prennent sur eux de déterminer ce qui est dû à la majesté outragée de l'Angleterre!

— Les princes croisés sont disposés à prévenir, s'il est possible, toutes vos demandes à ce sujet. Ils consentent unanimement que la bannière d'Angleterre soit replacée sur le mont Saint-George; ils mettent à leur ban l'auteur ou les auteurs audacieux de cet outrage; ils promettront une récompense royale à quiconque dénoncera le coupable, et sa chair servira de pâture aux loups et aux corbeaux.

— Et l'Autrichien, que de si fortes présomptions accusent d'avoir été l'auteur de cette insulte?

— Pour prévenir la discorde dans l'armée, l'archiduc se justifiera des soupçons qui planent sur lui, en se soumettant à telle épreuve qu'il plaira au patriarche de Jérusalem d'indiquer.

— Se justifiera-t-il par l'épreuve du combat?

— Son serment le lui défend. D'ailleurs le conseil des princes.....

— Ne veut autoriser le combat ni contre les Sarrasins ni contre aucun autre, s'écria Richard avec impétuosité. Mais c'en est assez, mon père; vous m'avez démontré la folie d'agir en cette affaire comme j'en avais conçu le dessein. Il vous serait plus facile d'allumer votre torche dans une mare d'eau de pluie que de tirer une étincelle d'un cœur froid et lâche. Il n'y a nul honneur à gagner contre l'Autrichien; ne songeons pas à lui. Je veux qu'il se parjure pourtant; j'insisterai pour qu'il se soumette à l'épreuve. Comme je rirai quand j'entendrai ses gros doigts frémir en saisissant le globe de fer rouge, ou lorsqu'il ouvrira sa large bouche en étouffant pour avaler le pain consacré!

— Paix, Richard! dit l'ermite; paix, par honte, si ce n'est par charité! Qui louera et honorera des princes qui s'insultent et se calomnient les uns les autres? Hélas! au courage et à la dignité du lion pourquoi mêler sa fureur sauvage, ô toi dont l'ame est si élevée, les œuvres si grandes; toi qui, lorsque ta colère ne t'emporte pas, pourrais être à la fois le flambeau et l'honneur de la chrétienté par ta sagesse et tes exploits.

L'ermite resta un moment comme en méditation, les yeux baissés vers la terre, et ajouta ensuite :

— Mais le ciel, qui connaît les imperfections de notre nature, accepte ton obéissance imparfaite, et, sans révoquer la sentence portée contre toi, il en ajourne l'exécution. L'ange exterminateur s'est arrêté, comme il le fit autrefois sur le seuil de la porte d'Araunah le Jébuséen; mais il tient en main le glaive qui, dans un temps peu éloigné, abaissera Richard, ce Cœur-de-Lion, au niveau du plus humble paysan.

— Sera-ce donc si promptement? dit Richard. Eh bien, soit! que ma vie soit brillante si elle doit être courte.

— Hélas, noble roi! dit le solitaire, et il sembla qu'une larme roulait dans ses yeux, qui depuis longtemps étaient privés du don des larmes. — Ta vie sera courte, triste, remplie de mortifications, et troublée par la captivité. Tel sera l'espace qui te sépare encore du tombeau, qui s'entr'ouvre pour te recevoir; tombeau dans lequel tu seras placé sans laisser de lignage, sans y être suivi par les larmes d'un peuple que tu auras épuisé par tes guerres sans fin, sans avoir augmenté les connaissances de tes sujets, sans avoir rien fait pour leur bonheur.

— Mais non sans renommée, moine, non sans les larmes de la dame que j'aime. Ces consolations, que tu ne peux ni connaître ni apprécier, suivront Richard au tombeau.

— Crois-tu que je ne connaisse pas, que je ne puisse apprécier la valeur des éloges d'un ménestrel et de l'amour d'une dame? s'écria l'ermite, qui sembla un instant rivaliser d'enthousiasme avec Richard lui-même.

Roi d'Angleterre! continua-t-il en étendant son bras décharné, le sang qui bout dans tes veines n'est pas plus noble que celui qui est stagnant dans les miennes. Quelque froides que soient les gouttes qui s'y trouvent encore, elles appartiennent au sang royal de Lusignan, du héros, du saint Godefroi. Je suis, c'est-à-dire j'étais lorsque je vivais dans le monde, Albéric de Mortemar...

— Dont les exploits ont si souvent fait résonner les trompettes de la renommée! s'écria Richard. Est-il bien vrai! se peut-il qu'un astre semblable ait disparu de l'horizon de la chevalerie, sans qu'on ait même su où reposaient ses cendres?

— Cherche une étoile tombée, répondit l'ermite, et tu ne trouveras qu'un peu d'eau croupie, qui, en traversant l'atmosphère, a revêtu un moment une apparence de splendeur. Richard, si je pensais qu'en levant le voile sanglant qui couvre mon horrible destin je pusse rendre ton cœur orgueilleux soumis à la discipline de l'Église, je crois que je trouverais assez de courage pour te faire le récit de faits que j'ai tenus jusqu'ici soigneusement cachés dans mon sein, quoiqu'ils le déchirassent, comme le renard du jeune Spartiate. Écoute donc, Richard, et puissent le chagrin, le désespoir, qui ne peuvent être d'aucune utilité au misérable reste de ce qui fut jadis un homme, devenir un exemple puissant pour un être aussi noble, mais aussi impétueux que toi. Oui, oui, je rouvrirai ces blessures tenues si long-temps secrètes, dussent-elles, en se rouvrant, saigner au point de me donner la mort en ta présence.

Le roi Richard, sur qui l'histoire d'Albéric de Mortemar avait fait une profonde impression dans sa jeunesse, quand des ménestrels chantaient dans le palais de son père les légendes de la Terre-Sainte, écouta avec attention ce récit abrégé qui, quoique obscur et imparfait, suffisait pour indiquer la cause de la démence incomplète de cet homme aussi singulier que malheureux.

— Je n'ai pas besoin de t'apprendre, dit l'anachorète, que j'étais noble par ma naissance, élevé par ma fortune, brave en portant les armes, sage dans les conseils. J'étais tout cela; mais tandis que les plus nobles dames en Palestine se disputaient à qui ferait des guirlandes pour mon casque, mon cœur était attaché passionnément à une fille de bas degré. Son père, ancien soldat de la croix, s'aperçut de notre amour, et, redoutant la différence de rang qui nous séparait, il ne vit de refuge pour l'honneur de sa fille que dans l'ombre d'un cloître. Je revins d'une expédition lointaine, riche de gloire et de dépouilles; mais mon bonheur se trouvant détruit à jamais, je m'enfermai aussi dans un cloître. Ce fut là que Satan, qui m'avait marqué comme sa proie, souffla dans mon cœur une vapeur d'orgueil spirituel, qui ne pouvait avoir sa source que dans les régions infernales. Je m'étais élevé dans l'Église aussi haut qu'auparavant dans l'état. On me surnommait le sage, le juste, l'impeccable; j'étais le conseiller des conciles, et le directeur des évêques. Comment aurais-je fait un faux pas? Comment aurais-je pu craindre la tentation? Hélas! je devins confesseur d'un couvent, et dans ce couvent je trouvai celle que j'aimais depuis si long-temps, que j'avais depuis si long-temps perdue. Épargnez-moi de plus amples aveux. Une religieuse coupable, qui s'est punie de son crime par le suicide, repose sous les voûtes des cavernes d'Engaddi, tandis que sur sa sépulture pleure, gémit et se désespère un être à qui il ne reste qu'assez de raison pour sentir l'étendue de son malheur et de son crime.

— Infortuné, dit Richard, je ne m'étonne plus de tes chagrins. Mais comment as-tu échappé aux châtimens que prononcent les canons de l'Église contre un tel crime?

— Demande-le à celui qui est encore plongé dans le fiel de l'amertume mondaine, répondit l'ermite, et il te parlera d'une vie épargnée par des égards personnels et par des considérations pour un haut rang. Mais moi, Richard, je te dirai que la Providence m'a conservé pour faire de moi un phare allumé sous un promontoire, et dont les cendres, quand son feu terrestre sera éteint, pourront être jetées au vent. Quelque exténué que soit le pauvre corps que tu vois, deux esprits l'animent encore, l'un actif, entreprenant, puissant pour soutenir la cause de l'Église de Jérusalem; l'autre vil, abject, flottant entre la folie et le désespoir, pour déplorer ma misère, et garder de saintes reliques sur lesquelles je ne pourrais lever les yeux sans crime. N'aie pas pitié de moi, mais profite de mon exemple. Tu es placé sur le pinacle le plus élevé et par conséquent le plus dangereux qu'occupe aucun prince chrétien; ton cœur se nourrit d'orgueil, ta vie se passe dans la luxure, ta main est teinte de sang. Écarte de toi les péchés qui sont tes filles, et quelque chères qu'elles soient au pécheur Adam, chasse ces furies que ton cœur a adoptées, ta superbe, ta luxure, ta soif du sang.

— Il est dans le délire, dit Richard en se détournant du solitaire pour s'adresser à De Vaux avec l'air d'un

homme blessé par un sarcasme, mais à qui il est défendu de montrer du ressentiment. Regardant alors l'anachorète avec un calme qui approchait du mépris, il lui dit:
— Tu m'as trouvé une jolie couvée de filles, révérend père, quoique je ne sois marié que depuis quelques mois ; mais, puisqu'il faut que je les chasse du toit paternel, il convient qu'en bon père je leur procure des établissemens sortables. Je donne donc ma superbe aux nobles princes de l'Église, ma luxure aux moines de ton ordre, et ma soif de sang aux chevaliers du Temple.

— Cœur d'acier, main de fer pour qui les exemples et les avis sont également perdus! s'écria l'anachorète. Tu seras pourtant épargné pour un temps, afin que tu puisses changer de vie, et faire ce qui est agréable au ciel. Quant à moi, il faut que je retourne dans ma grotte. *Kyrie Eleison.* Je suis celui par qui les rayons de la grace céleste se dardent comme ceux du soleil sur un miroir ardent qui les concentre sur d'autres objets au point de les brûler et de les incendier, tandis que le verre demeure froid et intact. *Kyrie eleison.* Il faut appeler le pauvre, car le riche a refusé d'assister au banquet. *Kyrie eleison.*

Et à ces mots il sortit de la tente en poussant de grands cris.

— Ce prêtre est fou, s'écria Richard, les exclamations fanatiques de l'ermite ayant effacé en partie l'impression qu'avait faite sur lui le détail de l'histoire et des fautes de cet infortuné ; suis-le, De Vaux, et veille à ce qu'il ne lui arrive pas d'accident; car, tout croisés que nous sommes, un jongleur obtient plus de respect parmi nos soldats qu'un moine ou un saint, et ils pourraient lui jouer quelque mauvais tour.

De Vaux obéit, et Richard s'abandonna aux pensées que lui inspiraient les prophéties étranges de l'ermite.

— Mourir jeune, sans lignage, sans laisser de regrets, c'est une sentence sévère, et il est heureux qu'elle n'ait pas été prononcée par un juge plus compétent. Cependant les Sarrasins, qui sont versés dans les sciences mystiques, prétendent que celui aux yeux duquel la sagesse du sage n'est que folie accorde le don de sagesse et de prophétie à l'être frappé de démence. On dit aussi que cet anachorète sait lire dans les astres, art généralement cultivé dans ce pays, où l'armée céleste était autrefois un objet d'idolâtrie. Je voudrais lui avoir fait quelques questions sur la perte de ma bannière; car le bienheureux fondateur de son ordre ne pouvait paraître plus complètement transporté hors de lui-même, ni avoir une langue plus semblable à celle d'un prophète. Eh bien, De Vaux, quelles nouvelles de ce fou de prêtre?

— Vous l'appelez fou, sire, répondit De Vaux; je crois qu'il ressemble plutôt au bienheureux Jean-Baptiste lui-même sortant du Désert. Il est monté sur une de nos machines de guerre, et de là il prêche les soldats; et jamais homme ne prêcha comme lui depuis le temps de Pierre-l'Ermite. Tout le camp, attiré par ses cris, s'attroupe en foule autour de lui; interrompant de temps en temps le fil principal de son discours, il s'adresse successivement aux différentes nations, chacune en sa langue, et fait valoir tour à tour les argumens les plus propres à déterminer chacune d'elles à persister dans la sainte entreprise de délivrer la Palestine.

— Par le jour qui nous éclaire! c'est un noble ermite, dit le roi. Mais pouvait-on attendre autre chose du sang de Godefroi? Il désespère de son salut parce qu'il a autrefois cédé à l'amour. Je lui obtiendrai du pape une bonne absolution, quand sa belle amie aurait été une abbesse.

Comme il parlait ainsi, on l'avertit que l'archevêque de Tyr demandait une audience pour inviter Richard à assister, si sa santé le permettait, à un conseil secret des chefs de la croisade, où on lui ferait part des incidens militaires et politiques qui avaient eu lieu pendant sa maladie.

CHAPITRE XIX.

―――

> « Faut-il donc replacer dans leurs fourreaux honteux
> » Nos glaives jusqu'ici toujours victorieux ?
> » Lorsque tant d'ennemis ont mordu la poussière,
> » Allons-nous lâchement retourner en arrière ?
> » Jeter le bouclier qu'en face des autels
> » Nous prîmes en faisant des sermens solennels ?
> » Nos vœux sacrés sont-ils la promesse éphémère
> » Qu'afin de l'apaiser fait à l'enfant sa mère,
> » Et qu'emporte le vent sans qu'il en reste rien ? »
>
> *La Croisade*, tragédie.

L'ARCHEVÊQUE de Tyr était un émissaire parfaitement choisi pour communiquer à Richard des nouvelles que nulle autre voix n'aurait pu lui annoncer sans provoquer les plus terribles explosions de son ressentiment. Ce révérend prélat, malgré toute sa sagacité, trouva même quelque difficulté à le disposer à écouter des paroles qui détruisaient tout son espoir de reconquérir le saint sépulcre par la force des armes, et d'acquérir le renom que toute la chrétienté était prête à lui accorder avec une exclamation générale, comme au champion de la croix.

D'après le rapport que lui fit l'archevêque, il paraissait que Saladin assemblait toutes les forces de ses cent tribus, et que les monarques de l'Europe, que différens motifs dégoûtaient déjà d'une expédition qui s'était trouvée si hasardeuse et qui le devenait tous les jours encore davantage, avaient résolu de renoncer à leur projet. Ils étaient soutenus dans cette résolution par l'exemple de Philippe de France, qui avec maintes assurances d'amitié, et en protestant qu'il voulait voir d'abord son frère d'Angleterre en sûreté, avait déclaré son intention de retourner en Europe. Son grand vassal, le comte de Champagne, avait adopté la même détermination, et l'on ne sera pas surpris que Léopold, insulté comme il l'avait été par Richard, eût saisi avec plaisir l'occasion d'abandonner une cause dont son orgueilleux adversaire était considéré comme le chef. D'autres annonçaient le même projet, de sorte qu'il était évident que si le roi d'Angleterre s'obstinait à rester en Palestine, il ne serait plus soutenu que par les volontaires qui, dans des circonstances si peu encourageantes, pourraient se joindre à l'armée anglaise, et par les secours fort douteux de Conrad de Montserrat et des chevaliers des ordres militaires du Temple et de Saint-Jean, qui, quoique obligés par leurs vœux à faire la guerre aux Sarrasins, ne désiraient pourtant pas qu'aucun monarque européen fît la conquête de la Palestine, où, avec les vues étroites d'une politique égoïste, ils se proposaient de former une souveraineté indépendante.

Richard ne tarda pas à comprendre quelle était sa véritable situation. Après un premier élan d'indignation, il s'assit tranquillement, et écouta d'un air sombre, la tête baissée et les bras croisés sur sa poitrine, les argumens de l'archevêque sur l'impossibilité où il se trouvait de persister dans la croisade quand ses compagnons l'auraient abandonné. Il s'abstint même de l'interrompre quand le prélat, en termes mesurés, se hasarda à faire sentir que le caractère impétueux de Richard avait été une des principales causes qui avaient dégoûté les princes de cette expédition.

— *Confiteor,* répondit Richard d'un air abattu et avec un sourire de tristesse; j'avoue, respectable prélat, que sous certains rapports je voudrais dire *meâ culpâ.* Mais n'est-il pas bien dur de punir d'une telle pénitence la fragilité de mon caractère? Quoi! pour quelques accès d'emportement bien naturels, je serai condamné à voir se faner sous mes yeux cette riche moisson de gloire pour Dieu, et d'honneur pour la chevalerie? Mais elle ne se fanera pas! Par l'ame du conquérant, je planterai la croix sur les tours de Jérusalem, ou on la plantera sur la tombe de Richard!

— Vous pouvez le faire, dit l'archevêque, sans verser dans cette querelle une autre goutte de sang chrétien.

— Vous voulez parler d'un traité; mais alors il faut que le sang de ces chiens infidèles cesse aussi de couler.

— Il y aura assez de gloire à avoir arraché de Saladin, par la force des armes et par le respect qu'inspire votre renommée, des conditions qui nous rendront le saint sépulcre, qui ouvriront l'entrée de la Terre-Sainte aux pèlerins, qui garantiront leur sûreté en nous accordant des places fortes, et qui, ce qui est encore plus assureront celle de la sainte cité en conférant à Richard le titre de roi gardien de Jérusalem.

— Comment! s'écria Richard, les yeux étincelans d'un éclat plus qu'ordinaire, moi! moi! moi roi gardien de la sainte cité! La victoire, si ce n'est qu'elle est victoire, ne pourrait obtenir davantage; à peine pourrait-elle en espérer autant, étant due à des forces désunies et de mauvaises volontés. Mais Saladin se propose-t-il de conserver quelque pouvoir dans la Terre-Sainte?

— Oui, mais à de tels titres qu'il en serait conjointement souverain avec le puissant Richard, son allié, et, si cela lui est permis, son parent par mariage.

— Par mariage! répéta Richard surpris, mais moins que le prélat ne s'y attendait. Ah! oui! Edith Plantagenet. L'ai-je rêvé? ou quelqu'un m'en a-t-il parlé? Ma tête se ressent encore de cette fièvre, et j'ai eu l'esprit si agité.... Est-ce l'Écossais, Hakim ou l'ermite, qui m'a parlé de cet étrange projet?

— C'est vraisemblablement l'ermite d'Engaddi, dit l'archevêque, car il a beaucoup travaillé à cette négociation; et depuis que le mécontentement des princes est devenu évident, et que la séparation de leurs forces paraît inévitable, il a tenu beaucoup de consultations, tant avec les chrétiens qu'avec les païens, pour préparer une paix qui puisse assurer à la chrétienté une partie au moins des avantages qu'on se proposait d'obtenir par cette sainte guerre.

— Ma parente à un infidèle! s'écria Richard, dont les yeux commençaient à s'enflammer.

Le prélat se hâta de détourner sa colère.

— Sans contredit, il faut d'abord obtenir le consentement du pape, dit-il, et le saint ermite, qui est bien connu à Rome, traitera avec le Saint-Père.

— Quoi! sans notre consentement préalable! s'écria Richard.

— Certainement non, répondit l'archevêque d'un ton doux et insinuant, seulement avec votre sanction spéciale.

— Ma sanction pour donner ma parente en mariage à un infidèle! dit Richard. Cependant il parlait plutôt avec l'air d'un homme qui hésite sur ce qu'il doit faire qu'avec un ton annonçant qu'il réprouvait absolument une telle proposition. Aurais-je pu rêver à un pareil arrangement, ajouta-t-il, quand de la proue de ma galère je sautai sur le rivage de la Syrie comme un lion s'élance sur sa proie! et maintenant... Mais continuez, je vous écouterai patiemment.

Aussi enchanté que surpris de trouver sa tâche beaucoup plus facile qu'il ne l'avait espéré, l'archevêque se hâta de citer à Richard de nombreux exemples de semblables alliances qui avaient eu lieu en Espagne, non sans l'approbation du saint-siège; il lui fit valoir les avantages incalculables que retirerait toute la chrétienté de l'union que Richard et Saladin contracteraient par le moyen d'une telle alliance; et surtout il parla avec beaucoup de chaleur et d'onction de la probabilité que Saladin, par suite du mariage proposé, renoncerait à sa foi erronée pour embrasser la véritable.

— Le soudan a-t-il montré quelque disposition à se faire chrétien? demanda Richard. Si cela était, il n'existe sur la terre aucun roi à qui j'accordasse la main d'une parente, et même d'une sœur, avec plus de plaisir qu'au noble Saladin. Oui, quand même il n'aurait à lui offrir que son bon cimeterre et son cœur encore meilleur, et qu'un autre mettrait à ses pieds des sceptres et des couronnes.

— Saladin a entendu nos professeurs du christianisme, répondit l'archevêque, cherchant à éluder la question, et il est permis d'espérer qu'il pourra devenir un tison arraché aux flammes. *Magna est veritas, et prævalebit* (1). D'ailleurs l'ermite d'Engaddi, dont les paroles tombent rarement sur la terre sans produire des fruits, est pleinement convaincu que le moment approche où les Sarrasins et les autres païens seront appelés à la connaissance de la vérité, et que ce mariage pourra l'accélérer. Il sait lire dans le cours des astres ; et demeurant, en se mortifiant la chair, dans ces lieux consacrés que les saints ont habités autrefois, il reçoit l'esprit d'Élie, comme le reçut autrefois le prophète Élisée, fils de Saphat, quand il lui laissa son manteau.

Le roi Richard écouta les raisonnemens du prélat les yeux baissés, et avec un air de trouble évident.

— Je ne me reconnais plus, dit-il ; il me semble que les froids conseils des princes de la chrétienté m'ont frappé aussi d'une léthargie d'esprit. Il fut un temps où, si un laïque m'eût proposé une telle alliance, je lui aurais brisé le crâne contre la terre, et si c'eût été un homme d'église je lui aurais craché au visage comme à un renégat et à un prêtre de Baal. Et cependant à présent cette proposition ne sonne pas à mes oreilles d'une manière si étrange. Pourquoi n'accepterais-je pas la fraternité et l'alliance d'un Sarrasin brave, juste et généreux, qui sait aimer et honorer un ennemi digne

---

(1) La vérité est grande ; elle prévaudra. — Tr.

de lui, comme s'il en était l'ami, tandis que les princes chrétiens abandonnent lâchement leurs alliés, la cause du ciel et l'honneur de la chevalerie? Mais je m'armerai de patience, et je ne songerai point à eux. Seulement je ferai encore une tentative pour resserrer les liens qui unissent ensemble toute cette brave armée. Si je n'y réussis pas, nous reviendrons sur votre proposition : quant à présent, je ne l'accepte ni ne la rejette. Rendons-nous au conseil, révérend archevêque; l'heure en est arrivée. Vous reprochez à Richard d'être fier et impétueux; vous l'allez voir humble et pliant comme le genêt qui a donné son nom à sa race.

A l'aide des officiers de sa chambre, le roi mit à la hâte un pourpoint et un manteau d'une couleur brune, et, sans autre marque de la dignité royale qu'un cercle d'or sur sa tête, il se rendit avec l'archevêque de Tyr au conseil des princes, où l'on n'attendait que son arrivée pour ouvrir la séance.

Le pavillon du conseil était une grande tente, devant laquelle étaient déployées la bannière de la croix et une autre sur laquelle on voyait l'image d'une femme à genoux, les cheveux et les vêtemens en désordre; cette image représentait l'Église éplorée de Jérusalem, et avait pour devise : *Afflictæ sponsæ ne obliviscaris* (1). Des gardes choisis avec soin ne permettaient à personne d'approcher du voisinage de cette tente, afin que les discussions souvent tumultueuses, et quelquefois même orageuses, qui y avaient lieu ne pussent arriver à d'autres oreilles que celles qui devaient les entendre.

C'était là que les chefs de la croisade étaient assem-

(1) N'oubliez pas l'épouse affligée. — Tr.

DU TEMPS DES CROISADES.

blés, attendant l'arrivée de Richard; et le bref délai que souffrirent leurs délibérations fut tourné à son désavantage par ses ennemis, qui l'employèrent à raconter divers traits de son orgueil, et à insinuer que son désir était de s'arroger la supériorité sur les autres, ce dont on allégua même pour preuve la manière dont il se faisait attendre en ce moment. Chacun cherchait à se fortifier dans sa mauvaise opinion, et s'en justifiait à ses propres yeux en interprétant le plus défavorablement possible les circonstances les plus favorables, et tout cela peut-être parce que chacun sentait qu'il avait un respect d'instinct pour le roi d'Angleterre, et qu'il lui faudrait des efforts plus qu'ordinaires pour le surmonter.

En conséquence, il avait été convenu qu'on le recevrait à son arrivée sans beaucoup d'attention, et qu'on ne lui témoignerait que les égards strictement nécessaires pour observer les formes d'un froid cérémonial. Mais quand on vit cette noble taille, ce visage vraiment royal, pâli par sa dernière maladie, cet œil que les ménestrels avaient appelé l'astre brillant des batailles et de la victoire; quand on se rappela ses exploits surpassant toutes les idées qu'on pouvait se former de la valeur humaine, chacun se leva; le jaloux monarque de la France et le sombre et mécontent archiduc d'Autriche se levèrent même comme les autres, et tous ces princes assemblés poussèrent le cri unanime: — Vive le roi Richard d'Angleterre! Longue vie au vaillant Cœur-de-Lion!

Avec une physionomie qu'un poète d'Orient aurait comparée à l'astre des cieux quand il écarte les vapeurs du midi, Richard distribua ses remerciemens à la ronde, et se félicita de se retrouver de nouveau parmi les princes croisés.

Il désirait, dit-il, adresser quelques mots à l'assemblée, quoique sur un sujet indigne de l'occuper, puisqu'il s'agissait de lui-même, même au risque de retarder de quelques minutes leurs délibérations pour le bien de la chrétienté et le succès de la croisade.

Les princes reprirent leur place sur leurs sièges, et il se fit un profond silence.

— Ce jour est une grande fête de l'Église, continua le roi d'Angleterre, et il convient à des chrétiens, à une pareille époque, de se réconcilier les uns aux autres, et de se confesser leurs fautes. Nobles princes, près de cette sainte expédition, Richard est un soldat; son bras agit mieux que sa langue ne parle, et sa langue n'est que trop habituée au brusque langage de son métier. Mais que quelques discours bouillans, ou quelques actions inconsidérées de Plantagenet, ne vous fassent pas abandonner la noble cause de la délivrance de la Palestine. Ne renoncez pas au renom terrestre et au salut éternel que vous pouvez mériter ici, si l'homme peut jamais les mériter, parce que la conduite d'un soldat a été trop impétueuse, parce que ses discours ont eu la rudesse de ce fer dont il a été couvert depuis son enfance. Si Richard est coupable à l'égard d'aucun de vous, Richard est prêt à lui en faire satisfaction par ses paroles et par ses actions. Mon noble frère de France, ai-je été assez malheureux pour vous offenser?

— Le roi de France n'a aucune réparation à demander au roi d'Angleterre, répondit Philippe avec une dignité vraiment royale, en acceptant la main que Richard lui offrait. Quelque parti que je puisse prendre relativement à la poursuite de cette entreprise, il me sera suggéré par des considérations tirées de l'intérêt de mes propres états, et non certainement par aucune jalousie contre mon digne et très-valeureux frère.

— L'archiduc d'Autriche, dit Richard en s'avançant avec un mélange de franchise et de dignité vers Léopold, qui se leva comme involontairement, et en automate dont les mouvemens dépendent de la pression de quelque ressort extérieur; — l'archiduc d'Autriche croit avoir droit de se regarder comme offensé par le roi d'Angleterre; le roi d'Angleterre croit avoir sujet de se plaindre de l'archiduc d'Autriche; qu'ils se pardonnent mutuellement, pour maintenir la paix de l'Europe et entretenir la concorde dans cette armée. Nous sommes tous aujourd'hui les défenseurs d'une plus noble bannière qu'aucune de celles qu'ait jamais fait arborer aucun monarque de la terre, — la bannière du salut. Qu'il n'y ait donc point de querelle entre nous pour le symbole de nos dignités mondaines; mais que Léopold rétablisse en sa place la bannière d'Angleterre, si elle est en son pouvoir, et Richard dira, sans autre motif que par respect pour la sainte Église, qu'il se repent de la manière précipitée avec laquelle il a insulté l'étendard d'Autriche.

Léopold resta silencieux, l'air morne et sombre, les yeux baissés et tous ses traits annonçant un mécontentement étouffé qu'une crainte respectueuse, mêlée de gaucherie, l'empêchait d'exhaler en paroles.

Le patriarche de Jérusalem se hâta de rompre ce silence embarrassant en déclarant que l'archiduc d'Autriche s'était disculpé par serment solennel de toute connaissance directe ou indirecte de l'acte d'agression qui avait été commis contre la bannière d'Angleterre.

— En ce cas, dit Richard, nous avons été souverainement injuste envers le noble archiduc; nous lui demandons pardon de l'avoir accusé d'un outrage aussi lâche, et nous lui offrons la main en signe de renouvellement de paix et d'amitié. — Que veut dire ceci? Léopold refuse de toucher notre main nue, comme il a refusé auparavant de toucher notre gantelet! quoi! nous ne pouvons donc être ni son compagnon en paix ni son antagoniste en champ clos! Eh bien, soit! nous prendrons le peu d'estime qu'il nous accorde comme une pénitence de la faute que nous avons commise contre lui dans un moment d'effervescence, et en conséquence nous regarderons ce compte comme soldé.

A ces mots il se détourna de l'archiduc avec un air de dignité plutôt que de mépris. Léopold, en le voyant s'éloigner, semblait respirer plus librement, comme un écolier en faute lorsque le regard sévère de son pédagogue cesse de se fixer sur lui.

— Noble comte de Champagne, continua Richard, — Prince marquis de Montserrat, vaillant grand-maître des Templiers, je suis ici un pénitent dans le confessionnal: quelqu'un de vous a-t-il une accusation à porter contre moi, une réparation à me demander?

— Je ne sais quel pourrait en être le motif, répondit Conrad à la langue dorée, si ce n'est que le roi d'Angleterre accapare toute la gloire que ses pauvres frères d'armes espéraient remporter de cette expédition.

— Mon accusation, si je suis appelé à en faire une, dit le grand-maître des Templiers, est plus grave et plus importante que celle du marquis de Montserrat. On peut trouver qu'il convient mal à un religieux militaire tel que moi d'élever la voix quand tant de nobles princes gardent le silence ; mais il y va de l'honneur de toute l'armée, et même de celui de ce noble roi d'Angleterre, qu'il entende quelqu'un lui dire en face ce dont tant d'autres sont disposés à se plaindre en son absence. Nous louons et nous estimons le courage et les hauts faits du roi d'Angleterre ; mais nous sommes fâchés de le voir en toute occasion prendre et soutenir une préséance sur nous que des princes indépendans ne peuvent tolérer sans se dégrader. Nous pourrions faire de notre plein gré de grandes concessions à sa bravoure, à son zèle, à sa richesse, à son pouvoir ; mais celui qui s'empare de tout comme de droit, qui ne laisse rien à notre devoir, à notre courtoisie et à notre valeur, nous traite moins comme ses alliés que comme ses vassaux, et souille aux yeux de nos soldats et de nos sujets le lustre d'une autorité qui n'est plus indépendante. Puisque le roi Richard nous a demandé la vérité, il ne doit être ni surpris ni courroucé de s'entendre répondre avec franchise par un homme à qui les pompes du monde sont interdites, pour qui l'autorité séculière n'est rien quand elle ne peut contribuer à la prospérité du temple de Dieu et à la chute du lion qui rôde sans cesse cherchant une proie à dévorer. Ces vérités que j'ose dire, à l'instant même où je parle sont confirmées par le témoignage du cœur de tous ceux qui m'entendent, quoique le respcet leur ferme la bouche.

Les joues de Richard se couvrirent d'une vive rougeur pendant que le grand-maître faisait cette attaque précise et directe contre sa conduite ; et le murmure sourd qui se fit entendre dans l'assemblée à la fin de ce discours lui prouva évidemment que la justice de l'accusation était admise par tous ceux qui étaient présens. Irrité et mortifié en même temps, il sentit pourtant que, s'il s'abandonnait à l'impétuosité de son ressentiment, il donnerait au sang-froid de son accusateur l'avantage qu'il ambitionnait. Faisant donc un violent effort sur lui-même, il garda le silence jusqu'à ce qu'il eût récité mentalement un *pater noster*, ce que son confesseur lui avait enjoint de faire toutes les fois qu'il se sentirait prêt à céder à un mouvement de colère. Prenant ensuite la parole, il s'exprima avec calme, quoique non sans un mélange d'amertume, surtout au commencement de son discours.

— Est-il donc bien vrai ? nos frères ont-ils pris tant de peine pour découvrir les infirmités de notre nature et la brusque précipitation de notre zèle, qui nous a quelquefois porté à donner des ordres quand le temps ne permettait guère de délibérer ? Je n'aurais pas cru que des offenses faites par hasard et sans préméditation comme les miennes eussent pu faire une impression aussi profonde sur le cœur de mes alliés dans cette sainte cause. Non, je n'aurais pu croire qu'ils voulussent, à cause de moi, retirer leur main de la charrue quand le sillon est presque entièrement tracé ; qu'ils songeassent, à cause de moi, à tourner le dos au chemin qui conduit à Jérusalem, chemin ouvert par leur glaive. Je me suis vainement flatté que mes faibles services pourraient couvrir les erreurs de mon impétuosité ; j'ai vainement espéré que, si l'on se souvenait que je pressais d'aller en avant dans un assaut, on n'oublierait pas que j'étais toujours le dernier dans une retraite. Oui, si j'élevais ma bannière sur le champ de bataille abandonné par l'ennemi, c'était le seul avantage que je cherchais, tandis que les autres se partageaient les dépouilles. Je puis avoir donné mon nom à une ville conquise, mais j'en cédais la souveraineté aux autres. Si j'ai donné des conseils téméraires et audacieux, je n'ai, je crois, épargné ni mon sang ni celui de mes soldats quand il s'agissait de les exécuter. Si j'ai, dans la précipitation d'une marche ou la confusion d'une bataille, pris quelque autorité sur les soldats des autres, je les ai toujours traités comme les miens en leur faisant distribuer les provisions et les remèdes que leurs propres chefs ne pouvaient leur procurer. Mais je rougis de vous rappeler ce que vous paraissez tous avoir oublié; occupons-nous plutôt des mesures que nous avons à prendre; et croyez-moi, mes nobles frères, ajouta-t-il le visage enflammé d'ardeur, — ni l'orgueil, ni la colère, ni l'ambition de Richard ne seront pour vous des pierres d'achoppement sur le chemin où la religion et la gloire vous appellent comme avec la trompette d'un archange. Oh! non, non, jamais je ne survivrais à la pensée que mes faiblesses et ma fragilité eussent tranché le nœud qui réunit cette sainte assemblée de princes. Ma main droite s'armerait pour trancher ma main gauche si je pouvais par là vous donner une preuve de ma sincérité. Je céderai volontairement tout droit de commander dans l'armée, même à mes propres sujets; ils seront sous les ordres de tel chef que vous voudrez leur donner; et leur roi, qui n'est que trop disposé à changer le bâton de commandant contre la lance de l'aventurier, combattra sous la bannière de Beau-Séant parmi les Templiers, même sous celle de l'archiduc d'Autriche, si l'archiduc veut nommer un homme brave pour commander ses forces. Ou, si vous êtes las de cette guerre, si votre armure vous paraît trop pesante, laissez à Richard dix ou quinze mille de vos soldats pour l'accomplissement de votre vœu, et quand Sion sera à nous, s'écria-t-il en secouant le bras comme s'il eût déployé l'étendard de la croix sur les murs de Jérusalem; quand Sion sera à nous, nous inscrirons sur ses portes, non pas le nom de Richard Plantagenet, mais celui des généreux princes qui lui auront fourni les moyens de s'en emparer.

L'éloquence sans apprêt du monarque guerrier, et son air d'audace et de résolution, relevèrent l'esprit abattu des croisés, ranimèrent leur dévotion; et, en fixant leur attention sur le principal objet de leur entreprise, firent que la plupart des princes qui étaient présens au conseil rougirent d'avoir cédé à l'influence de motifs de plaintes aussi frivoles que ceux qui les avaient occupés auparavant. Le feu des yeux de Richard se communiqua aux autres; et sa voix rendit à d'autres voix le courage de se faire entendre. Le cri de guerre qui avait répondu aux sermons de Pierre-l'Ermite retentit sous la tente, et l'on s'écria de toutes parts : — Conduisez-nous, brave Cœur-de-Lion; personne n'est plus digne de guider les braves prêts à vous suivre. Conduisez-nous! — A Jérusalem! à Jérusalem! c'est la volonté de Dieu! bienheureux celui dont le bras pourra coopérer à l'exécuter!

Ces cris soudains se firent entendre au-delà du cercle des sentinelles qui gardaient le pavillon dans lequel le conseil était assemblé; ils furent unanimement répétés parmi les soldats, dont l'inaction, les maladies et l'influence du climat avaient commencé à abattre le courage; la vue de Richard rendu à la santé et la voix bien connue des autres chefs rallumèrent l'enthousiasme des croisés : au loin retentirent ces cris de la bravoure et de l'exaltation religieuse :— Sion ! Sion ! Guerre ! guerre aux infidèles ! à l'instant, à l'instant ! Dieu le veut ! Dieu le veut !

Ces acclamations du dehors réagirent sur le courage renaissant de ceux qui étaient sous la tente du conseil. Ceux que la flamme n'avait pas atteints craignirent, du moins pour le moment, de paraître plus froids que les autres. Il ne fut plus question que de marcher hardiment sur Jérusalem dès que la trève serait expirée, et en attendant de prendre les mesures nécessaires pour approvisionner et recruter l'armée. Le conseil se sépara. Tous ceux qui y avaient assisté paraissaient enflammés d'une même ardeur; mais elle s'éteignit bientôt dans le cœur des uns, et elle n'avait jamais réellement existé dans celui des autres.

Parmi cette dernière classe étaient le marquis de Montserrat et le grand-maître des Templiers, qui se retirèrent ensemble fort mal à l'aise, et mécontens des événemens de la journée.

— Je te l'ai dit toujours, répéta le dernier avec l'expression de froideur sardonique qui lui était particulière,— je te l'ai dit toujours, que Richard se tirerait de tes misérables pièges aussi facilement qu'un lion passerait à travers une toile d'araignée. Tu vois qu'il n'a qu'à parler, et son souffle agite ces fous inconstans aussi aisément que le tourbillon disperse les brins de paille ou les balaie dans la même direction.

— Mais quand le tourbillon a passé, répondit Conrad, les brins de paille retombent à terre.

—Mais ne vois-tu pas d'ailleurs, reprit le Templier,

que si ce projet renouvelé de conquêtes est abandonné, que si chacun de ces puissans princes se trouve libre d'agir comme son étroit cerveau le lui suggérera, Richard n'en deviendra pas moins roi de Jérusalem en vertu d'un traité avec le soudan en acceptant précisément les conditions que tu croyais devoir le révolter?

— Par Mahomet et par Termagant, s'écria Conrad, — car les sermens chrétiens sont hors de mode, — oses-tu dire que l'orgueilleux roi d'Angleterre consentira à allier son sang à celui d'un sultan païen? Ma politique a jeté cet ingrédient dans la coupe, afin que le breuvage qu'elle contient lui occasionât des nausées; il serait aussi fâcheux pour nous qu'il devînt notre maître par un traité que par une victoire.

— Ta politique a fait un faux calcul, et n'a pas su juger celle de Richard; je connais ses intentions, d'après un mot que l'archevêque m'a dit à l'oreille. — Et ton coup de maître relativement à la bannière? il n'a pas fait plus de bruit que n'en méritaient quelques aunes de soie brodée. Marquis de Montserrat, ton esprit commence à ne plus être d'aplomb. Je ne me fierai plus à tes mesures de finesse; j'essaierai les miennes. Connais-tu ces gens que les Sarrasins nomment Charegites?

— Sans doute, ce sont des enthousiastes, des fanatiques désespérés qui dévouent leur vie au maintien de leur religion, des espèces de Templiers musulmans; si ce n'est que rien ne les arrête dans l'exécution de leurs vœux.

— Ne plaisante pas; sache qu'un de ces hommes a fait vœu d'immoler ce monarque insulaire, comme le principal ennemi de la foi musulmane.

— C'est un païen judicieux ; puisse Mahomet lui accorder son paradis pour récompense !

— Il a été arrêté dans le camp par un de mes écuyers ; et dans un interrogatoire secret il m'a franchement avoué son vœu et sa détermination.

— Que le ciel pardonne à ceux qui ont empêché l'exécution des desseins de ce judicieux Charegite !

— Il est mon prisonnier ; il ne peut avoir de communication avec personne, comme tu peux bien le supposer ; mais plus d'un captif s'est évadé de prison.

— Sans doute : une chaîne est mal assurée, et le prisonnier s'échappe. C'est une ancienne maxime qu'il n'y a de prison sûre que le tombeau.

— Une fois en liberté, il reprendra son projet ; car il est dans la nature de cette espèce de chiens de ne jamais perdre la piste de sa proie.

— Ne m'en dis pas davantage, grand-maître ; je vois ta politique ; elle est terrible, mais la circonstance est urgente.

— Je ne t'en parle que pour que tu te tiennes sur tes gardes, car l'explosion sera effrayante, et l'on ne peut savoir sur qui les Anglais feront tomber leur rage. Il y a même un autre risque. Un de mes pages connaît les projets du Charegite : un drôle impertinent et volontaire dont je voudrais être débarrassé, parce qu'il se donne les airs de voir par ses propres yeux au lieu de s'en rapporter aux miens. Heureusement notre saint ordre me donne les moyens de remédier à cet inconvénient. Ou bien..... un moment ! oui, le Charegite peut trouver un bon poignard dans son cachot, et je garantis qu'il en fera bon usage la première fois que le page lui portera sa nourriture.

— Cela donnera une couleur à l'affaire, dit Conrad. Cependant...

— *Cependant* et *mais*, répliqua le Templier, sont des mots à l'usage du fou. Le sage n'hésite ni ne se rétracte; il prend une résolution, et il l'exécute.

CHAPITRE XX.

» La Béatrix du Dante et l'Éve de Milton
» N'étaient pas, voyez-vous, peintes d'après leurs femmes. »
Lord Byron. Don Juan.

Richard, bien éloigné de soupçonner la noire trahison méditée contre lui, avait remporté un triomphe en rétablissant, pour le moment du moins, l'union entre les princes croisés, et en leur inspirant la résolution de continuer la guerre avec vigueur. Il n'eut rien de plus à cœur ensuite que de rétablir la paix dans sa propre famille. Maintenant qu'il pouvait juger des choses avec plus de sang-froid, il lui tardait de faire une enquête directe sur les causes qui avaient occasioné la perte de sa bannière, et de s'assurer de la nature et de l'étendue de la liaison qui existait entre sa parente Edith et l'aventurier écossais qu'il venait de bannir.

En conséquence, la reine et toutes les dames de sa maison furent fort surprises de voir arriver sir Thomas de Vaux, apportant à lady Caliste de Montgaillard, première dame d'atours de Bérengère, l'ordre de se rendre sur-le-champ en présence du roi.

— Que lui dirai-je, madame? demanda Caliste à la reine en tremblant. Il nous tuera toutes.

— Ne craignez rien, madame, dit De Vaux; le roi a épargné la vie du chevalier écossais, qui était le principal coupable, et l'a donné au médecin maure: il ne punira donc pas avec sévérité les fautes d'une dame.

— Imagine quelque conte bien adroit, Caliste, dit la reine; Richard n'a pas le temps de s'informer bien exactement de la vérité.

— Racontez-lui fidèlement tout ce qui s'est passé, dit lady Edith, de peur que je ne m'en charge moi-même.

— Avec la permission de Votre Majesté, dit le baron de Gilsland, je crois que lady Edith donne un bon conseil; car, quoique le roi soit disposé à croire tout ce qu'il plait à Votre Majesté de lui dire, je doute qu'il ait la même déférence pour lady Caliste, et surtout dans cette affaire.

— Le lord de Gilsland a raison, dit lady Caliste, fort agitée en songeant à l'interrogatoire qu'elle allait subir. D'ailleurs, quand j'aurais assez de présence d'esprit pour inventer une histoire plausible, je crois que je n'aurais jamais le courage de la raconter au roi.

Ce fut dans ces dispositions favorables à la vérité que lady Caliste fut conduite par De Vaux devant le roi. Comme elle se l'était proposé, elle fit un aveu complet de la ruse qu'on avait employée pour déterminer sir Kenneth à quitter son poste; elle justifia entièrement lady Edith, sachant fort bien qu'elle n'aurait pas manqué de se disculper elle-même, et rejeta la plus grande partie du blâme sur la reine, sa maîtresse, dont elle n'ignorait pas que les fautes paraîtraient plus vénielles aux yeux de Cœur-de-Lion. Dans le fait, Richard était un mari plein de bonté, et même un mari faible. Son accès de colère était passé depuis long-temps, et il n'était pas disposé à blâmer sévèrement une faute qui était irréparable.

La rusée dame d'atours, accoutumée dès sa première enfance à creuser dans les intrigues de la cour, et à épier les plus légers indices de la volonté du souverain, retourna près de la reine avec la rapidité d'un vanneau, et lui annonça, de la part du roi, qu'elle recevrait sa visite dans quelques instans; nouvelle à laquelle elle ajouta un commentaire basé sur ses propres observations, tendant à démontrer que Richard n'avait dessein de conserver que la sévérité nécessaire pour inspirer à son épouse le repentir de sa folie, et qu'il accorderait ensuite un gracieux pardon, tant à la reine qu'à toutes celles qui avaient partagé sa faute.

— Le vent vient-il de là, Caliste? dit Bérengère, se trouvant soulagée en apprenant les intentions du roi; crois-moi, ma fille, Richard, tout grand guerrier qu'il est, trouvera difficile de l'emporter sur nous dans cette affaire. Comme le disent les bergers des Pyrénées dans ma Navarre : — Tel qui vient chercher de la laine s'en retourne souvent tondu.

S'étant fait donner tous les renseignemens que Caliste pouvait lui communiquer, la reine se mit sous les armes en se parant de la manière qu'elle crut la plus séduisante, et attendit avec confiance l'arrivée du héros son époux.

Il arriva, et se trouva dans la situation d'un prince entrant dans une province qui l'a offensé, et qui, croyant qu'il n'aura que des réprimandes à distribuer et des marques de soumission à recevoir, la trouve, contre son attente, dans un état d'insurrection complète.

Bérengère connaissait parfaitement le pouvoir de ses charmes et toute l'affection de Richard; elle se sentait assurée qu'elle pourrait faire ses conditions, maintenant que la première explosion, toujours redoutable, de sa colère avait eu lieu sans accident. Loin d'écouter les reproches que lui fit le roi, et qu'avait justement mérités la légèreté de sa conduite, elle défendit, comme une plaisanterie innocente, le fait dont elle était accusée. Elle nia, avec toute la grace possible, qu'elle eût chargé Nebectamus de conduire le chevalier plus loin qu'au bas du mont Saint-George, où il était de garde. Peut-être en effet n'avait-elle pas eu l'intention de le faire venir jusque dans son pavillon.

Mais, si elle avait fait preuve d'éloquence pour se défendre, elle en montra encore davantage en accusant à son tour Richard d'avoir agi avec cruauté en lui refusant une faveur aussi simple que la vie d'un infortuné chevalier qui, par suite d'une plaisanterie innocente, avait été sur le point de perdre la vie avec toute la promptitude et la sévérité des lois militaires. Elle pleura et sanglota en insistant sur la dureté de son époux, qui avait pensé la rendre malheureuse toute sa vie, puisqu'elle n'aurait jamais pu oublier qu'elle avait été la cause bien involontaire d'une scène si tragique. Ses rêves lui auraient sans cesse présenté l'image de la victime sacrifiée. Qui savait même, puisque de pareilles choses arrivaient souvent, si son spectre ne lui aurait point apparu? Voilà pourtant à quels tourmens d'esprit elle avait été exposée par la sévérité de celui qui prétendait être l'esclave de son moindre regard, et qui cependant n'avait pas voulu renoncer à un seul acte de vengeance, au risque de la rendre si misérable.

Cette tirade d'éloquence féminine fut accompagnée des argumens ordinaires, les pleurs et les soupirs. Ces plaintes furent débitées d'un ton et avec des gestes qui semblaient prouver que le ressentiment de la reine ne prenait sa source ni dans l'orgueil ni dans l'humeur, mais dans une sensibilité blessée par la crainte de voir que son époux lui accordait moins d'influence sur lui qu'elle ne l'avait supposé.

Le bon roi Richard était dans un grand embarras. Il essaya en vain de raisonner avec une femme jalouse de posséder toute son affection, et qui, par cette raison même, était incapable d'écouter ses raisons ; il ne pouvait se résoudre à prendre le ton d'autorité envers une créature qui lui paraissait si belle au milieu de son mécontentement déraisonnable ; il se tint donc sur la défensive, chercha à bannir les doutes qu'elle semblait avoir de sa tendresse, et à apaiser son déplaisir. Enfin, il lui rappela qu'elle pouvait songer au passé sans remords, et sans crainte de voir paraître un spectre à ses yeux, puisqu'il avait fait grace de la vie à sir Kenneth, et qu'il l'avait donné au grand médecin maure, qui, de tous les hommes, était, sans contredit, celui qui saurait le mieux le maintenir en bonne santé.

Mais ces derniers mots furent le trait le plus piquant pour la reine. Tous ses chagrins se réveillèrent à l'idée qu'un Sarrasin, qu'un médecin, avait obtenu une grace qu'elle avait inutilement demandée à genoux.

A cette nouvelle plainte, la patience commençait à échapper à Richard, et il répondit d'un ton grave et sérieux :

— Bérengère, ce médecin m'a sauvé la vie, et, si vous y attachiez quelque prix, vous ne lui reprocheriez pas une récompense, la seule que j'aie pu lui faire accepter.

La reine sentit alors que, dans son esprit de coquetterie, elle s'était avancée aussi loin qu'elle pouvait aller sans risque.

— Et pourquoi mon Richard ne m'a-t-il pas amené ce sage, s'écria-t-elle, afin que la reine d'Angleterre pût lui montrer tout le cas qu'elle faisait de celui qui a conservé le soleil de la chevalerie, la gloire de l'Angleterre, le flambeau de la vie et des espérances de la pauvre Bérengère?

Enfin la querelle matrimoniale se termina, et, pour qu'un juste châtiment pût tomber sur quelqu'un, le roi et la reine s'accordèrent à rejeter tout le blâme de cette affaire sur Nebectamus. Bérengère étant déjà lasse de la sottise et de la difformité de ce nain, il fut condamné à être banni de la cour, avec son épouse royale, dame Genièvre; et, s'il évita en outre le châtiment des verges, ce fut parce que la reine assura qu'il avait déjà subi une correction corporelle. Richard se proposant de dépêcher incessamment un ambassadeur à Saladin pour l'informer de la résolution que le conseil avait prise de recommencer les hostilités aussitôt après l'expiration de la trêve, et voulant lui envoyer en même temps un magnifique présent en reconnaissance des services que lui avait rendus El Hakim, il fut décidé que les deux malheureuses créatures y seraient ajoutées, comme de rares objets de curiosité, et dignes, par leur figure grotesque et leur tête détraquée, d'être offerts par un souverain à un autre.

Richard avait encore à s'exposer le même jour à une rencontre avec une autre femme; mais, en comparaison de la première joute, celle-ci était presque indifférente. Quoique Edith fût belle, quoique le roi l'estimât, quoique ses soupçons lui eussent véritablement fait l'injustice dont Bérengère affectait de se plaindre, cependant elle n'était ni sa femme ni sa maîtresse; et, quoique les reproches qu'elle pourrait lui faire dussent être mieux fondés que ceux de la reine, il les craignait moins que les plaintes injustes et capricieuses de son épouse.

Ayant demandé à lui parler en particulier, on le fit entrer dans l'appartement d'Edith, qui était voisin de celui de la reine, et deux esclaves cophtes, à genoux dans le coin le plus éloigné de la chambre, furent présentes à l'entrevue. Un grand voile noir couvrait de ses longs plis la jolie tête et la taille pleine de graces de la noble fille des Plantagenet, qui ne portait sur sa personne aucun autre ornement. Elle se leva, et fit une profonde révérence à Richard quand il entra, s'assit de nouveau quand il le lui ordonna, et, lorsqu'il eut pris place auprès d'elle, elle attendit, sans ouvrir la bouche, qu'il lui fît connaitre son bon plaisir.

Richard, habitué à agir avec Edith avec cette familiarité que leur parenté autorisait, trouva cet accueil glacial, et entama la conversation avec quelque embarras.

— Notre belle cousine est en colère contre nous, dit-il enfin, et nous avouons que de graves circonstances nous ont porté mal à propos à la soupçonner d'une conduite contraire à tout ce que nous avons jamais vu d'elle. Mais, tant que nous sommes dans cette sombre vallée de la vie, nous sommes sujets à prendre des ombres pour des réalités. Ma belle cousine peut-elle pardonner à Richard son parent un peu impétueux ?

— Qui pourrait refuser de pardonner à Richard, répondit Edith, si Richard peut obtenir son pardon du roi d'Angleterre ?

— Allons, allons, belle cousine, répliqua Richard, c'est prendre un ton beaucoup trop solennel. De par Notre-Dame ! quel extérieur mélancolique ! Avec ce grand voile noir on pourrait croire que vous êtes veuve depuis hier, ou du moins que vous venez de perdre un amant chéri. Reprenez votre gaieté. Vous avez sans doute appris qu'il n'existe aucune cause réelle de chagrin ; pourquoi donc conserver ce lugubre vêtement de deuil ?

— Pour l'honneur perdu de Plantagenet, dit Edith, pour la gloire éclipsée de la maison de mon père.

— Honneur perdu ! gloire éclipsée ! répéta Richard en fronçant le sourcil et d'un ton de mécontentement ;

— mais ma cousine Edith a des privilèges. Je l'avais jugée trop à la hâte, et elle a le droit d'en conserver quelque rancune. Apprenez-moi du moins en quoi j'ai failli.

— Plantagenet devait pardonner une faute ou la punir, répondit Edith. Il ne lui convient pas de livrer des hommes libres, des chrétiens, de braves chevaliers aux fers des infidèles. Il est indigne de lui de faire un marché, un compromis, d'accorder la vie en privant de la liberté. Condamner l'infortuné à mort était un acte de sévérité qui avait du moins une apparence de justice, le vouer à l'exil et à l'esclavage en est un de tyrannie manifeste.

— Je vois, dit Richard, que ma cousine Edith est une de ces belles qui pensent qu'un amant absent n'est plus rien, ou qu'il est comme mort. Prenez patience! une vingtaine de cavaliers légèrement armés peuvent encore le suivre et réparer mon erreur, si votre amant est dépositaire de quelque secret qui rende sa mort plus désirable que son bannissement.

— Ne vous abaissez pas à d'indignes plaisanteries, sire, répliqua Edith dont le front se couvrit d'une vive rougeur; — songez plutôt que, pour satisfaire votre courroux, vous avez privé votre grande entreprise d'un de ses meilleurs champions, ravi à la croix un de ses plus fermes soutiens, livré un serviteur du vrai Dieu entre les mains des païens, et donné aux esprits aussi soupçonneux que le vôtre se l'est montré dans cette affaire, quelque droit de dire que Richard a banni le plus brave guerrier de son camp, de crainte qu'il ne pût acquérir un renom égal au sien.

— Moi! moi! s'écria Richard vivement ému, suis-je

donc homme à être jaloux du renom des autres? Je voudrais qu'il fût ici pour prétendre à cette égalité ! J'oublierais mon rang, je déposerais ma couronne pour entrer en lice contre lui, afin qu'on vît si Richard Plantagenet avait lieu d'envier la prouesse de qui que ce soit! Allons, Edith, vous ne pensez pas ce que vous dites. Que le chagrin ou le mécontentement de l'absence de votre amant ne vous rende pas injuste envers votre parent, qui, malgré toute votre humeur, fait autant de cas de votre estime que de celle de personne au monde.

— L'absence de mon amant! répéta lady Edith. Mais oui, on peut justement nommer mon amant celui qui a payé ce titre si cher. Quelque indigne que je pusse être d'un tel hommage, j'étais pour lui comme une lumière qui guidait ses pas dans le noble sentier de la chevalerie ; mais que j'aie oublié mon rang ou qu'il ait eu la présomption de sortir du sien, c'est un mensonge, fût-ce un roi qui le prononçât.

— Ne mettez pas dans ma bouche des paroles qu'elle n'a pu prononcer, belle cousine. Je ne vous ai pas dit que vous ayez accordé à cet Écossais d'autres faveurs que celles qu'un bon chevalier peut obtenir, même d'une princesse, quel que soit son rang. Mais, par Notre-Dame! je me connais un peu en ce jeu d'amour; il commence par un respect muet, par des égards lointains; puis, quand les occasions se présentent, la familiarité s'accroît, et peu à peu...; mais il est inutile de parler ainsi à une femme qui se croit plus de sagesse qu'il n'en existe dans le monde entier.

—J'écoute bien volontiers les conseils de mon parent, quand ils sont de nature à ne pas faire injure à mon rang et à mon caractère.

— Les rois ne donnent pas de conseils, belle cousine, ils intiment des ordres.

— Les soudans intiment des ordres, mais c'est parce qu'ils règnent sur des esclaves.

— Patience! vous pourriez apprendre à mépriser moins les soudans, quand vous avez une si haute estime pour un Écossais. Je regarde Saladin comme plus fidèle à sa parole que ce William d'Écosse, qui se fait appeler le Lion, sur ma foi! Il m'a indignement trompé en manquant à m'envoyer les troupes auxiliaires qu'il m'avait promises. Je vous dis, Edith, qu'il est possible que vous viviez assez pour préférer un Turc plein de franchise à un Écossais de mauvaise foi.

— Non, jamais! quand même Richard embrasserait la fausse religion qu'il est venu pour extirper de la Palestine sous la bannière de la croix.

— Vous voulez avoir le dernier mot, dit Richard en se levant; il faut vous le laisser. Pensez de moi ce qu'il vous plaira, belle Edith; je n'oublierai pas que votre père était mon frère.

A ces mots il se retira de bonne humeur en apparence, mais au fond très-peu satisfait du résultat de sa visite.

Le quatrième jour après que sir Kenneth avait quitté le camp, Richard était assis dans son pavillon, jouissant d'une brise du soir qui semblait arriver tout exprès de l'horizon occidental et même de l'Angleterre, afin d'aider par sa douce fraîcheur le monarque vaillant à recouvrer peu à peu toute la force qui lui était nécessaire pour exécuter ses projets gigantesques. Il était seul, De Vaux ayant été envoyé à Ascalon pour en ramener des renforts d'hommes et de munitions, et ses autres officiers étant occupés, chacun dans leur département, à des préparatifs pour la reprise des hostilités, et pour une grande revue de l'armée des croisés qui devait avoir lieu le lendemain. Cœur-de-Lion écoutait le bruit sourd et confus que faisaient les forgerons se disposant à ferrer les chevaux, les armuriers qui réparaient des armes, et les soldats passant et repassant devant sa tente, et dont la voix, exprimant une ardeur martiale, semblait un présage de victoire. L'oreille de Richard s'enivrait avec délices de ces sons mélangés, et tandis qu'il se livrait lui-même aux visions de conquête et de gloire qu'ils lui suggéraient, un écuyer vint lui dire qu'un messager de Saladin venait d'arriver.

— Faites-le entrer dans le camp, Jocelyn, dit le roi, et avec tous les honneurs convenables.

L'écuyer anglais fit entrer alors un homme dont l'extérieur n'annonçait qu'un esclave de Nubie, mais qui inspirait plus d'intérêt qu'un esclave ordinaire. Il était d'une belle taille, parfaitement formé, et ses traits imposans, quoique d'un noir de jais, n'offraient rien qui appartînt à la race des nègres. Il portait sur ses cheveux, noirs comme le charbon, un turban de toile fine d'un blanc de lait; ses épaules étaient couvertes d'un manteau court de même couleur, ouvert par-devant et sur les manches; et l'on voyait par-dessous un pourpoint de peau de léopard, qui descendait à trois pouces du genou. Ses jambes et ses bras nerveux étaient nus, si ce n'est qu'il avait des sandales aux pieds, et un collier et des bracelets d'argent. Une dague à lame droite et à poignée de buis, dans une gaîne couverte d'une peau de serpent, était suspendue à sa ceinture. Sa main droite tenait une petite javeline, dont la pointe était garnie d'un acier large et brillant d'une palme de longueur, et de la gauche il conduisait, par le moyen d'une lesse de fil de soie et d'argent entrelacés, un grand et magnifique lévrier.

Le messager se prosterna, découvrant en partie ses épaules, en signe d'humilité; et, ayant touché la terre du front, il se releva en restant appuyé sur un genou, et dans cette attitude il présenta au roi une pièce de soie qui en contenait une de drap d'or dans lequel était une lettre de Saladin, écrite en arabe, avec une traduction en anglo-normand, et qui, rendue en langue moderne, contenait ce qui suit :

« Saladin roi des rois, à Melec Ric, le Lion d'Angleterre.

» Attendu que nous avons été informé par ton dernier message, que tu as préféré la guerre à la paix, et notre inimitié à notre amitié, nous te regardons comme un homme aveugle en cette affaire, et nous espérons bientôt te convaincre de ton erreur, à l'aide des forces invincibles de nos mille tribus, quand Mahomet, le prophète de Dieu, et Allah, le Dieu du prophète, jugeront la querelle entre toi et moi. Quant au surplus, nous faisons grand compte de toi et des présens que tu nous as envoyés, notamment des deux nains aussi difformes qu'Ysop (1) et aussi divertissans que le luth d'Isaac. Et en retour de ces présens, tirés du trésor de ta générosité, nous t'envoyons un esclave de Nubie, nommé Zoank, dont il ne faut pas que tu juges par sa couleur, comme font les fous de la terre, attendu que le fruit à écorce noire a la saveur la plus exquise. Sache qu'il est fidèle à exécuter les ordres de son maître,

(1) Ésope. — Éd.

comme le fut Rustan de Zablestan. Tu ne le trouveras pas moins prudent conseiller quand tu auras appris à entrer en communication avec lui, car la parole a été condamnée au silence entre les murs d'ivoire de son palais. Nous le recommandons à tes soins, espérant que l'heure n'est pas éloignée où il pourra te rendre de bons services. Et nous te disons adieu, espérant que notre très-saint Prophète pourra encore t'appeler à la connaissance de la vérité; mais, si cette lumière te manque, notre désir est que la santé te soit promptement rendue, afin qu'Allah soit juge entre toi et moi sur le champ de bataille. »

Cette missive était sanctionnée par la signature et le sceau du soudan.

Richard regarda en silence le Nubien, qui était debout devant lui, les yeux fixés sur la terre, les bras croisés sur sa poitrine, semblable à une statue de marbre noir du travail le plus exquis, n'attendant pour s'animer qu'un attouchement de Prométhée. Le roi d'Angleterre, qui, comme on l'a dit d'un de ses successeurs, Henry VIII, aimait à voir ce qu'on peut appeler par excellence un homme, était charmé de la force des muscles et de la symétrie parfaite de tous les membres de celui qu'il examinait; il lui adressa la parole en langue franque :

— Es-tu païen? lui demanda-t-il.

L'esclave secoua la tête, porta un doigt à son front, fit le signe de la croix pour prouver qu'il était chrétien, et reprit humblement son attitude immobile.

— Un chrétien de Nubie, sans doute, dit Richard, et à qui ces chiens d'infidèles ont coupé l'organe de la parole.

Le Nubien fit encore un signe de tête négatif, leva l'index vers le ciel, et le plaça ensuite sur ses lèvres.

— Je te comprends, dit Richard; tu souffres cette privation par la volonté de Dieu, et non par la cruauté de l'homme. Sais-tu nettoyer un baudrier et les armes, placer au besoin une armure sur le corps d'un chevalier?

Le muet fit un geste affirmatif, et, s'avançant vers une cotte de mailles qui était suspendue avec le casque et le bouclier du monarque chevaleresque à l'un des piliers qui soutenaient la tente, il la mania avec une adresse suffisante pour prouver qu'il entendait parfaitement le service d'un écuyer.

— Tu es un drôle adroit, et je ne doute pas que tu puisses te rendre utile, dit le roi. Je t'attache à ma personne : tu seras de service dans ma chambre, afin de prouver le cas que je fais du présent du noble soudan. Puisque tu ne parles pas, il s'ensuit que tu ne peux rien rapporter de ce que tu pourras voir et entendre, et que tu ne provoqueras pas ma colère par quelque réplique déplacée.

Le Nubien se prosterna de nouveau jusqu'à toucher la terre de son front; et s'étant relevé il s'éloigna de quelques pas, comme pour attendre les ordres de son maître.

— Tu vas entrer en fonctions sur-le-champ, dit Richard. J'aperçois une tache de rouille sur ce bouclier; et quand je le secouerai en face de Saladin, je veux qu'il soit aussi clair et aussi brillant que l'honneur du soudan.

On entendit le son d'un cor hors du pavillon, et presque au même instant sir Henry Neville entra avec un paquet de dépêches.

— C'est d'Angleterre, sire, dit-il en le remettant au roi.

— D'Angleterre! de notre chère Angleterre! s'écria Richard avec un ton d'enthousiasme mélancolique! hélas! ils ne songent guère combien leur souverain a été tourmenté par la tristesse et la maladie; combien il a trouvé d'amis faibles et d'ennemis actifs! Ayant ouvert les dépêches, il ajouta après y avoir jeté un coup d'œil à la hâte : — Ces lettres ne viennent pas d'un pays en paix; il est aussi agité par des divisions. Retire-toi, Neville, il faut que je les lise ces lettres seul et à loisir.

Neville sortit de la tente, et Richard fut bientôt entièrement absorbé dans les détails fâcheux qu'on lui envoyait d'Angleterre, relativement aux factions qui déchiraient ses domaines héréditaires. On lui apprenait la désunion de ses frères Jean et Geoffroi; les querelles de ces deux princes avec le grand justicier Longchamp, évêque d'Ely; l'oppression sous laquelle les nobles faisaient gémir les paysans, enfin la rébellion de ceux-ci contre leurs seigneurs, rébellion qui avait produit partout des scènes de discorde, et qui avait été, en quelques endroits, suivie d'effusion de sang. A ce récit d'événemens mortifians pour son orgueil et attentatoires à son autorité succédaient les vives prières que lui faisaient ses conseillers les plus sages et les plus dévoués pour qu'il retournât sur-le-champ en Angleterre, où sa présence seule pouvait prévenir une guerre intestine dont la France et l'Écosse ne manqueraient probablement pas de profiter.

Rempli de l'inquiétude la plus pénible, Richard lut et relut ces lettres de mauvais augure, compara les nouvelles que les unes contenaient avec les mêmes faits rapportés dans d'autres en termes différens, et devint bientôt totalement insensible à tout ce qui se passait autour de lui, quoique pour jouir de la fraîcheur il se fût assis près de l'entrée de sa tente, et que les rideaux en fussent ouverts de manière qu'il pouvait voir les sentinelles et tous ceux qui se trouvaient devant la porte, comme il pouvait en être vu.

Plus enfoncé dans l'ombre du pavillon, et occupé de la tâche que son nouveau maître lui avait donnée, l'esclave nubien était assis le dos un peu tourné du côté du roi. Il avait fini de nettoyer et de fourbir un haubert et une brigandine, et il rendait en ce moment le même service à un pavois ou bouclier d'une taille extraordinaire, garni de plaques d'acier, dont Richard se servait souvent pour faire des reconnaissances, ou pour donner l'assaut aux places fortifiées, comme étant une protection plus efficace contre les traits que l'étroit bouclier triangulaire dont se servaient les cavaliers. Ce pavois ne portait ni les lions d'Angleterre, ni aucune devise qui aurait pu attirer l'attention des ennemis qu'attaquait celui qui en était couvert. Le travail du Nubien se bornait donc à en rendre la surface brillante comme du cristal, et il semblait y réussir complètement. Derrière lui était le beau chien, qu'on aurait pu appeler son frère d'esclavage, et qui, comme s'il eût été saisi de respect en se voyant un roi pour nouveau maître, était couché près du muet, sa tête appuyée sur la terre, sa queue et ses pattes repliées sous son corps.

Tandis que le monarque et son nouveau serviteur étaient ainsi occupés, un autre acteur arriva doucement sur la scène, et se mêla au groupe de soldats anglais, dont une vingtaine, de garde devant la tente de leur souverain, témoignaient par un silence inaccoutumé leur respect pour son air pensif et les réflexions auxquelles il se livrait évidemment. Ils ne montraient pourtant pas plus de diligence que de coutume. Les uns jouaient à des jeux de hasard avec de petits cailloux ; les autres causaient à voix basse de la reprise prochaine des hostilités ; plusieurs étaient étendus par terre, et dormaient couverts de leur grand manteau vert.

Au milieu de ces gardes indolens se glissa un vieux Turc de petite taille, vêtu en marabout ou santon du Désert, espèce d'enthousiastes qui se hasardaient quelquefois dans le camp des croisés, quoiqu'ils y fussent toujours regardés avec mépris, et souvent même exposés à de mauvais traitemens. La vie dissolue de la plupart des chefs chrétiens attirait dans leurs tentes une foule de musiciens, de courtisanes, de marchands juifs, des Cophtes, de Turcs, et de tout le rebut des diverses nations de l'Orient ; de sorte que le cafetan et le turban, qu'on était venu pour chasser de la Terre-Sainte, se montraient journellement au milieu des croisés, et n'excitaient aucune alarme.

Quand l'être insignifiant que nous venons de décrire fut assez près des soldats pour en être remarqué, il jeta par terre son mauvais turban vert, et fit voir que sa barbe et ses sourcils étaient rasés comme c'était la coutume des bouffons de profession, et que l'expression de ses traits ridés et bizarres, et de ses petits yeux noirs, et brillans comme du jais, annonçait en lui un cerveau dérangé.

— Danse, marabout, s'écrièrent les soldats, qui connaissaient les manières de ces enthousiastes ; danse, ou nous te caresserons avec les cordes de nos arcs de manière à te faire tourner comme jamais toupie ne tourna sous le fouet d'un écolier.

Ainsi parlaient ces gardes inconsidérés, aussi enchantés d'avoir un musulman à tourmenter, qu'un enfant qui attrape un papillon, ou un écolier qui découvre un nid d'oiseau.

Le marabout, comme s'il se fût trouvé trop heureux de pouvoir les amuser, se mit à bondir sur-le-champ, et commença ensuite à tourner sur lui-même au milieu d'eux avec une agilité singulière, qui, contrastant avec sa petite taille et sa figure ridée, le faisait ressembler à une feuille sèche, tournant au gré d'un tourbillon. Sur le haut de sa tête, chauve par-devant et rasée par-derrière, s'élevait une seule touffe de cheveux, droite comme si elle eût servi à quelque génie invisible pour le soutenir; et dans le fait, on aurait dit qu'il lui fallait des moyens surnaturels pour exécuter une danse capable de donner des vertiges, et pendant laquelle on voyait à peine le bout des pieds du danseur toucher la terre. Cependant, tout en décrivant des cercles irréguliers en passant d'un endroit à l'autre, il s'approchait toujours, quoique presque insensiblement, de la tente, et enfin, après deux ou trois bonds plus merveilleux que tous ceux qui les avaient précédés, il se laissa tomber comme épuisé, à environ quarante pas de la personne du roi.

— Donnez-lui de l'eau, dit un des soldats; ces chiens ont toujours soif après leur danse joyeuse.

— De l'eau, dis-tu, Long Allen? répliqua un autre. Comment te trouverais-tu d'un tel breuvage après une pareille danse?

— Du diable s'il y a ici une goutte d'eau, dit un troisième; il faut faire un chrétien de ce vieux païen à pied léger, en lui faisant boire du vin de Chypre.

— Oui, oui, ajouta un autre, et s'il est rétif, apporte

la corne dont se sert Dick Hunter pour faire avaler des médecines à sa jument.

Un cercle se forma sur-le-champ autour du santon, étendu par terre et épuisé, et tandis qu'un des soldats le soutenait sur son séant, un autre approcha de ses lèvres un flacon de vin. Hors d'état de parler, le vieillard secoua la tête, et fit un geste de la main pour repousser la liqueur défendue par les lois du Prophète. Mais ceux qui le tourmentaient ne voulaient pas le tenir quitte à si bon marché.

— La corne! la corne! s'écria un d'eux; il n'y a pas grande différence entre un Turc et un cheval de Turquie; et il faut le traiter en conséquence.

— Par saint George, vous l'étoufferez! dit Long Allen; et d'ailleurs ce serait un péché que de faire avaler à un chien de païen une quantité de vin qui suffirait pour trois jours à un bon chrétien.

— Tu ne connais pas la nature de ces Turcs et de ces païens, Long Allen, répondit Henry Woodstall. Je te dis que ce flacon de vin de Chypre lui fera tourner l'esprit en sens inverse de la danse, et par conséquent le remettra dans son état naturel. L'étouffer! ce vin ne l'étouffera pas plus qu'une livre de beurre n'étoufferait la chienne noire de Ben.

— Et quant à le lui reprocher, ajouta Tomalin Blacklees, pourquoi reprocherais-tu à ce pauvre diable de païen un flacon de bon vin sur la terre, quand tu sais que, pendant toute l'éternité, il n'aura pas une goutte d'eau pour se rafraîchir le bout de la langue?

— C'est dur, dit Long Allen; car, voyez-vous, il est Turc, parce que son père était Turc avant lui. Si c'était un chrétien qui se fût fait païen, je conviens avec vous que l'endroit le plus chaud de l'enfer serait le quartier d'hiver qui lui conviendrait.

— Tais-toi, Long Allen, dit Henry Woodstall; je te dis que ta langue n'est pas le plus court de tes membres, et je te prédis qu'elle t'occasionera une querelle avec le père Francis comme il t'en a déjà fait une à cause de cette petite Syrienne aux yeux noirs. Mais voici la corne. Allons, quelqu'un! de l'agilité! Qu'on lui ouvre les dents de force avec le manche d'un poignard.

— Un instant! un instant! le voilà qui prend son parti, s'écria Tomalin. Voyez, il fait signe qu'on lui donne le flacon. Place, place, camarades! *Oop sey es*, comme disent les Hollandais, cela descend comme la rosée du ciel! ce sont, ma foi, de vrais biberons quand ils s'y mettent une fois; jamais Turc ne tousse en buvant et ne baisse le coude trop tôt.

Dans le fait, le santon, ou qui que fût cet homme, vida, ou parut vider le flacon jusqu'au fond, et d'un seul trait. Lorsqu'il le retira de ses lèvres, après en avoir épuisé le contenu, il prononça seulement, en poussant un profond soupir, les mots: — Allah kerim, ou Dieu est miséricordieux. Les soldats, témoins de cet exploit bachique, poussèrent alors des éclats de rire si bruyans, que le roi fut troublé dans ses réflexions; et, étendant les bras vers eux, il s'écria d'un ton courroucé: — Comment, drôles, point de respect, point d'égards!

Tous gardèrent le silence à l'instant, connaissant parfaitement le caractère de Richard, qui tantôt permettait la familiarité à ses soldats, tantôt, quoique moins fréquemment, en exigeait le respect le plus profond; se hâtant de se retirer à une distance plus respectueuse du monarque, ils voulurent emmener avec eux le marabout; mais celui-ci, paraissant épuisé par la fatigue, ou cédant à l'influence du vin qu'il avait bu, résista à tous leurs efforts, et poussa même quelques cris.

— Laissez-le tranquille, fous que vous êtes, dit Long Allen à voix basse à ses compagnons. Par saint Christophe! vous mettrez notre Dickon (1) hors de lui, et il fera sentir la pointe de son poignard à la doublure de nos pourpoints. Laissez-le tranquille, vous dis-je; dans moins d'une minute il dormira comme un loir.

En ce moment le monarque jeta sur eux un autre regard d'impatience, et tous les soldats se retirèrent à la hâte, laissant le santon, qui, étendu par terre, semblait hors d'état de remuer un membre ou une articulation. Un instant après le même silence et la même tranquillité régnaient comme avant l'arrivée du musulman.

(1) Abréviation familière du nom Richard. — Éd.

CHAPITRE XXI.

—

« Le meurtre aux traits flétris,
» Éveillé par le loup, sa noire sentinelle,
» Dont les sourds hurlemens prouvent qu'il est fidèle,
» S'avance à pas furtifs, comme marchait Tarquin
» Pour aller accomplir son criminel dessein. »

SHAKSPEARE. *Macbeth.*

Pendant un quart d'heure, et même plus long-temps après l'incident que nous venons de rapporter, tout resta parfaitement tranquille en face du pavillon du roi. Richard lisait et réfléchissait tour à tour près de l'entrée de sa tente. Par-derrière, et le dos tourné vers la porte, l'esclave nubien finissait de fourbir le grand pavois. En face, à une centaine de pas de distance, les gardes, debout, assis ou étendus par terre, s'amusaient à différens jeux en silence, et entre eux et la tente on voyait le marabout, en apparence privé de tout sentiment, et qu'on aurait pu prendre pour un tas de haillons.

Mais le Nubien avait l'avantage de trouver un miroir dans le bouclier qu'il venait de polir, et dont la surface, devenue brillante, réfléchissait tout ce qui se passait derrière lui. Il fut aussi surpris qu'alarmé en voyant par ce moyen le marabout soulever doucement la tête, et tout examiner autour de lui, en faisant tous ses mouvemens avec un degré d'attention qui ne paraissait nullement compatible avec un état d'ivresse. Il appuya de nouveau sa tête sur la terre, et, comme s'il se fût convaincu que personne ne l'observait, il commença à se traîner lentement, et sans avoir l'air de faire des efforts volontaires, comme par suite de ces mouvemens qu'on fait quelquefois en dormant, de manière à s'approcher de plus en plus de la personne du roi. Il s'arrêtait pourtant de temps en temps, et reprenait son état d'immobilité, comme l'araignée, en s'avançant vers sa proie, tombe tout à coup dans une sorte d'anéantissement si elle s'aperçoit qu'on l'observe. Cette espèce de mouvement progressif parut suspect au Nubien, qui, de son côté, se prépara tranquillement à intervenir dans cette affaire, du moment que les circonstances pourraient sembler l'exiger.

Cependant le marabout se glissait graduellement, comme un serpent ou plutôt comme un limaçon, et il arriva enfin à douze pas du roi. Se relevant alors tout à coup, il s'élança avec le bond d'un tigre; en moins d'un instant, il se trouva derrière Richard, et leva contre lui un cangiar ou poignard qu'il avait caché dans sa manche.

La présence de toute son armée n'aurait pu alors sauver le monarque; mais les mouvemens du Nubien avaient été aussi bien calculés que ceux du fanatique, et avant que celui-ci pût frapper, le premier lui saisit le bras. Tournant sa rage contre celui qui se plaçait si inopinément entre lui et sa victime, le charegite, car tel était le prétendu marabout, lui porta un coup de poignard qui ne fit qu'effleurer le bras, tandis que la force supérieure du Nubien le terrassa facilement. Voyant ce qui se passait, Richard se leva, et, sans montrer plus de surprise, de colère et même d'intérêt, qu'un homme qui chasse une guêpe hargneuse, et qui l'écrase, il saisit le tabouret sur lequel il était assis, et s'écriant seulement : — Ah! chien ! il en brisa le crâne de l'assassin, qui, répétant deux fois, d'abord à haute voix, et ensuite d'un ton presque inintelligible : *Allah ackbar!* c'est-à-dire, Dieu est victorieux! tomba mort aux pieds du roi.

— Vous êtes des sentinelles bien vigilantes! dit Richard d'un ton de reproche méprisant à ses gardes, qui, frappés de terreur en entendant le bruit de ce qui venait de se passer dans la tente, y étaient accourus en tumulte; voilà de braves gens, qui me laissent faire de ma propre main la besogne du bourreau! Silence, taisez-vous tous! Que signifient toutes vos clameurs? N'avez-vous pas encore vu un Turc mort? Emportez cette charogne hors du camp; séparez la tête du tronc; mettez-la sur une pique, et ayez soin d'en tourner le visage du côté de la Mecque, pour qu'il puisse plus aisément dire à l'infâme imposteur dont l'inspiration l'a amené ici, comment il a réussi dans sa mission. — Quant à toi, mon ami basané et silencieux, ajouta-t-il en se tournant vers le Nubien.... Mais quoi! tu es blessé, et par une arme empoisonnée, j'en suis sûr, car un si chétif animal ne pouvait espérer, par la force de son bras, que d'égratigner le cuir du lion. Vite qu'un de vous suce sa blessure; le poison est sans danger pour les lèvres, quoiqu'il soit mortel quand il se mêle au sang.

Les soldats se regardèrent l'un l'autre, et parurent hésiter, car la crainte d'un danger de cette nature faisait trembler ceux qui n'en auraient redouté aucun autre.

— Eh bien, drôles, continua le roi; vos lèvres sont donc bien délicates? Craignez-vous la mort, pour hésiter ainsi?

— Aucun de nous ne craint de mourir en homme, répondit Long Allen, que le roi regardait en parlant ainsi; mais on ne se soucierait pas de mourir en rat empoisonné pour l'amour d'un pareil bétail noir, qu'on vend et qu'on achète sur le marché comme un bœuf à la Saint-Martin.

— Le roi parle de sucer du poison, comme d'avaler une groseille, dit un autre à demi-voix.

— Apprenez, dit Richard, que je n'ai jamais ordonné à personne que ce que je serais disposé à faire moi-même.

Et sans plus de cérémonie, en dépit des remontrances de tous ceux qui l'entouraient, et de la résistance respectueuse que lui opposa le Nubien, le roi, méprisant les représentations, et surmontant toute opposition, appliqua lui-même sa bouche sur la blessure de l'esclave noir. Dès qu'il interrompit cette opération singulière pour un roi, le Nubien s'écarta de lui à la hâte, couvrit son bras d'une écharpe, et annonça par des gestes aussi fermes que respectueux sa détermination

de ne pas souffrir que le roi continuât des soins si dé-
gradans. Long Allen ajouta que, si cela était nécessaire
pour empêcher le roi de s'acquitter d'une pareille fonc-
tion, ses lèvres, sa langue et ses dents étaient au service du moricaud, comme il appela le Nubien, et qu'il
l'avalerait tout entier plutôt que de souffrir que la bouche du roi Richard y touchât davantage.

Neville et d'autres officiers qui arrivaient en ce moment joignirent leurs remontrances à celles des soldats.

— Allons, allons, dit Richard, ne faites pas tant de
bruit sans raison pour un cerf dont les chiens ont
perdu la voie, ou pour un danger qui est passé. Cette
blessure ne peut avoir de suites, à peine en sort-il une
goutte de sang; un chat en colère aurait fait une égratignure plus profonde, et quant à moi, j'en serai quitte
pour prendre une dragme d'orviétan par forme de précaution, quoique cela soit inutile.

Ainsi parla Richard, peut-être un peu honteux lui-
même de sa condescendance, quoiqu'elle eût été inspirée par la reconnaissance et l'humanité. Mais Neville,
continuant à faire des représentations sur le danger auquel il avait exposé sa personne royale, il lui imposa
silence d'un ton absolu.

— Silence, Neville! Qu'il n'en soit plus question!
j'ai agi ainsi pour montrer à ces ignorans pleins de préjugés comment ils peuvent se secourir les uns les autres,
quand ces lâches coquins viennent nous attaquer avec
des sarbacanes lançant des traits empoisonnés. Mais em-
mène ce Nubien dans ton quartier, Neville; j'ai changé
d'avis à son égard; qu'on ait grand soin de lui. Mais
écoute, un mot à l'oreille: il est autre chose que ce qu'il
paraît; veille à ce qu'il ne s'échappe point, qu'il ait

toute liberté dans le camp, mais qu'il ne puisse en sortir; et vous, mangeurs de bœufs, buveurs de vin, chiens de basse-cour anglais, retournez à votre poste, et songez à y être plus vigilans. Ne croyez pas que vous soyez ici dans votre pays de franc jeu, où l'on parle avant de frapper, où l'on se donne la main avant de se couper la gorge. Chez nous le danger marche le front levé; le glaive hors du fourreau, il défie l'ennemi qu'il veut attaquer; mais ici, il vous appelle au combat avec un gant de soie au lieu d'un gantelet d'acier, vous coupe le cou avec la plume d'une tourterelle, vous poignarde avec une épingle, et vous étrangle avec la dentelle du corset d'une femme. Retirez-vous, ayez les yeux ouverts et la bouche fermée; buvez moins, et regardez mieux autour de vous; ou je mettrai vos estomacs voraces à une telle diète, que la patience d'un Écossais n'y tiendrait pas.

Les soldats, honteux et mortifiés, retournèrent à leur poste, et Neville commença à faire des remontrances au roi sur le danger qu'il y avait à passer si légèrement sur une telle négligence, et sur la nécessité de faire un exemple de ceux qui avaient oublié leur devoir au point de permettre à un homme suspect, comme ce marabout, d'approcher de sa personne à portée du poignard.

Richard l'interrompit. — Ne m'en parle pas, Neville. Voudrais-tu que je punisse le risque qu'a couru ma personne plus sévèrement que je n'ai puni la perte de la bannière d'Angleterre? Elle a disparu, elle a été enlevée par un brigand, ou livrée par un traître; et pas une goutte de sang n'a coulé pour ce crime. — Mon ami noir, tu es bon conseiller, à ce que dit l'illustre soudan; je te donnerai ton poids en or si, en évoquant un être encore plus noir que toi, ou de quelque autre manière que ce fût, tu pouvais m'indiquer le moyen de découvrir le scélérat qui a entaché mon honneur. Qu'en dis-tu?

Le muet sembla désirer de parler, mais sa bouche ne put exprimer que ces sons imparfaits que font entendre ceux qui se trouvent dans cette malheureuse situation. Croisant alors les bras sur sa poitrine, il fixa sur le roi des yeux pleins d'intelligence, et lui fit de la tête un signe affirmatif.

— Comment! s'écria le roi avec un mouvement de joie et d'impatience, tu entreprendrais de faire une pareille découverte?

Le Nubien répéta le même geste.

— Donne-lui une écritoire, dit Richard à Neville. Il était plus facile d'en trouver une sous la tente de mon père que dans la mienne; mais il doit y en avoir une ici quelque part, pourvu que la chaleur de ce climat brûlant n'en ait pas desséché l'encre! Sais-tu que ce drôle est un vrai joyau, Neville, un diamant noir?

— Si vous me permettez, sire, de vous dire humblement ce que je pense, dit Neville, il serait dangereux de trafiquer de cette marchandise. Il faut que cet homme soit un sorcier, et les sorciers sont ligués avec le grand ennemi de la race humaine, qui a intérêt à semer de l'ivraie parmi le bon grain, à introduire la dissension dans nos conseils, à....

— Silence, Neville! s'écria le roi. Rappelle ton chien du nord quand il est sur le point d'atteindre le daim, et tu pourras espérer qu'il t'écoute; mais ne cherche pas à arrêter Plantagenet quand il a quelque espoir de recouvrer son honneur.

L'esclave, qui avait écrit pendant cette discussion et qui paraissait habile dans l'art de communiquer ses idées par la plume, se leva en ce moment, porta à son front le parchemin sur lequel il venait d'écrire, et après s'être prosterné, suivant l'usage de l'Orient, il le présenta à Richard. C'était en français qu'il avait écrit, quoique Richard lui eût toujours parlé jusqu'alors en langue franque.

Richard lut ce qui suit :

— A Richard le conquérant, l'invincible roi d'Angleterre, le plus humble de ses esclaves adresse ces paroles. Les mystères sont des cassettes sur lesquelles le ciel a apposé son sceau ; mais il permet à la sagesse humaine de trouver des moyens pour en ouvrir la serrure. Si votre esclave était placé dans un endroit où les chefs de l'armée passeraient en ordre devant lui, ne doutez pas que, si celui qui a fait à mon roi l'injure dont il se plaint se trouvait parmi eux, son iniquité ne fût rendue manifeste, serait-elle couverte de sept voiles.

— Par saint George ! s'écria Richard, tu as parlé fort à propos. Neville, tu sais que lorsque nous passerons demain nos troupes en revue les princes sont convenus que, pour expier l'insulte faite à l'étendard d'Angleterre, tous les chefs défileraient devant notre nouvelle bannière arborée sur le mont Saint-George, et lui feraient un salut. Crois-moi, le traître encore inconnu n'osera ne pas prendre part à cette justification solennelle, de peur que son absence même ne l'exposât aux soupçons. Tu veilleras à ce que notre conseiller noir s'y trouve, et si son art peut découvrir le traître, laisse-moi le soin du reste.

— Sire, dit Neville avec la franchise d'un baron anglais, prenez garde à ce que vous allez entreprendre. Voici, contre toute attente, la concorde rétablie dans notre sainte ligue; voulez-vous, sur des soupçons tels que ceux que peut vous inspirer un esclave noir, rouvrir des blessures si récemment fermées? Voulez-vous faire d'une cérémonie solennelle dont le but est la réparation de votre honneur l'occasion d'exciter de nouveaux ressentimens, ou de faire revivre d'anciennes querelles? Je ne sais même si je m'exprimerais en termes trop forts en disant que ce serait violer la déclaration que Votre Majesté a faite en présence du conseil des princes croisés.

— Neville, dit le roi d'un ton sévère en l'interrompant, ton zèle t'inspire trop de hardiesse et de présomption. Jamais je n'ai promis de m'abstenir de prendre tous les moyens pour découvrir l'infâme auteur de l'insulte faite à notre honneur. Avant de faire cette promesse, j'aurais renoncé à mon royaume et à ma vie. Toutes mes déclarations ont été faites sous cette réserve absolue et indispensable. Si l'Autrichien se fût avancé, et eût avoué en homme qu'il était l'auteur de cette injure, je la lui aurais pardonnée, pour le bien de la chrétienté, et je le lui ai même proposé.

— Mais, continua Neville avec un ton d'inquiétude, quelle garantie avez-vous que cet adroit esclave de Saladin n'en imposera point à Votre Majesté?

— Paix, Neville, dit Richard; tu te crois bien sage, et tu n'es qu'un fou. Songe à bien exécuter les ordres que je t'ai donnés relativement à ce drôle. Je vois en lui plus que ton esprit du Westmoreland ne peut pénétrer. Et toi, mon ami noir et muet, prépare-toi à exécuter ce que tu viens de me promettre; et, par la parole d'un roi, tu choisiras toi-même ta récompense. Ah! le voilà encore à écrire.

Le muet, après avoir écrit, remit au roi, avec le même cérémonial que la première fois, un morceau de parchemin sur lequel était écrit :

— La volonté du roi est une loi pour son esclave; il ne lui convient pas de demander un guerdon pour s'être acquitté de son devoir.

— *Guerdon* et *devoir*, répéta Richard en s'interrompant dans sa lecture, et en parlant à Neville en anglais, comme il l'avait fait jusqu'alors. Ces orientaux profiteront des croisades; ils apprennent déjà à employer le langage de la chevalerie. Examine bien la figure de ce drôle, Neville; sans sa couleur il rougirait. Je ne serais pas surpris qu'il entendît ce que je te dis : ces coquins sont savans dans la connaissance des langues.

— Le pauvre esclave ne peut supporter le feu des yeux de Votre Majesté, répondit Neville; ce n'est pas autre chose.

— Fort bien, dit le roi en frappant d'un doigt sur le parchemin dont il venait d'achever la lecture; mais cet écrit audacieux nous apprend que notre fidèle muet est chargé d'un message de Saladin pour lady Edith Plantagenet, et il demande l'occasion et les moyens de s'en acquitter. Que penses-tu de cette requête modeste, Neville?

— Je ne puis dire quel jugement Votre Majesté porte d'une telle liberté, répondit Neville; mais j'aurais de grandes craintes pour le cou du messager qui porterait de votre part une pareille demande au soudan.

— Oh! s'écria Richard, je rends graces au ciel de ce que je ne lui envie aucune de ces beautés brunies par le soleil. Mais quant à punir ce drôle d'avoir exécuté les ordres de son maître, et à l'instant où il vient de me sauver la vie, il me semble que ce serait une marche un peu trop sommaire. Je te dirai un secret, Neville; car, quand même notre ministre noir et muet nous comprendrait par hasard, tu sais qu'il n'en pourrait rien révéler ; je te dirai donc que, depuis une quinzaine de jours, je suis frappé comme d'un sort, et je voudrais bien être désenchanté. Quelqu'un ne m'a pas plus tôt rendu un bon office, qu'il en perd tout le mérite en me faisant quelque injure; et, d'un autre côté, celui qui mériterait que je le condamnasse à mort pour quelque insulte ou quelque trahison, est précisément celui qui, en me rendant un service, me force par honneur à révoquer ma sentence. Tu vois donc que je suis privé de la meilleure partie de mes fonctions royales, puisque je ne puis ni punir ni récompenser. Jusqu'à ce que l'influence de cette planète malfaisante soit passée, je ne veux rien dire de la requête de notre serviteur noir, si ce n'est qu'elle est extraordinairement audacieuse, et que la meilleure chance qu'il ait pour trouver grace à nos yeux, c'est de faire la découverte qu'il nous a promise. En attendant veille bien sur lui, et qu'il soit honorablement traité. Écoute encore un mot. Cherche l'ermite d'Engaddi, ajouta-t-il en baissant la voix, et amène-le-moi; qu'il soit saint ou sauvage, privé de raison ou dans son bon sens, je veux lui parler en particulier.

Neville, faisant signe au Nubien de le suivre, sortit de la tente de Richard très-surpris de tout ce qu'il venait de voir et d'entendre, et surtout de la conduite peu ordinaire du roi. En général, on avait peu de peine à découvrir sur-le-champ les idées et les sentimens de Richard, quoiqu'il pût être plus difficile d'en calculer la durée; car nulle girouette n'obéit plus aisément aux changemens de vent que le roi ne cédait à ses accès d'emportement; mais en cette occasion ses manières semblaient, contre son usage, contraintes et mystérieuses, et il était impossible de décider si la satisfaction ou le mécontentement dominait dans sa conduite à l'égard de ce nouveau membre de sa maison. Le service que le roi avait rendu au Nubien en arrêtant le fatal effet que pouvait avoir la blessure que lui avait faite le marabout semblait l'avoir acquitté de celui qu'il en avait reçu lui-même quand il avait été dérobé par lui au fer d'un assassin; mais il semblait qu'un compte beaucoup plus long restait à régler entre eux, que le monarque doutait encore si le résultat en serait de le rendre débiteur ou créancier, et qu'en conséquence il maintenait une sorte de neutralité qui pouvait convenir dans les deux cas.

Quant au Nubien, quels que fussent les moyens par lesquels il avait appris à écrire les langues d'Europe, le baron fut bientôt convaincu que du moins celle de l'Angleterre lui était inconnue; car, l'ayant surveillé de près pendant la dernière partie de cette conversation, il jugea qu'il aurait été impossible à un homme qui aurait compris un entretien dont il était lui-même le sujet d'y prendre aussi peu d'intérêt qu'il avait l'air de le faire.

CHAPITRE XXII.

―――

« Qui va là ?... C'est, ma foi, mon savant médecin.
» Approchez... D'un ami je reconnais la main. »
CRABBE. *Sir Eustache Gray.*

NOTRE histoire va maintenant remonter à une époque un peu antérieure aux derniers incidens que nous venons de rapporter; c'est-à-dire elle va rétrograder jusqu'à l'instant où le malheureux chevalier du Léopard, donné par Richard au médecin maure plutôt comme esclave qu'en toute autre qualité, fut exilé du camp des croisés, dans les rangs desquels il s'était souvent distingué avec éclat. Il suivit son nouveau maître, car c'était ainsi qu'il devait alors nommer El Hakim, sous les tentes mauresques qu'il avait fait transporter pour loger son cortège et tout ce qui lui appartenait. Sir Kenneth éprouvait l'espèce de stupéfaction d'un homme qui est tombé dans un précipice, et qui, en sortant par un heureux hasard, n'est encore capable que de s'éloigner de l'endroit fatal, sans être en état de bien apprécier toute l'étendue du danger qu'il a couru.

En entrant dans la tente d'Adonebec, l'Écossais se jeta, sans prononcer un seul mot, sur une couche de peaux de buffle que son conducteur lui montra; et, se cachant le visage des deux mains, il poussa de profonds gémissemens, comme si son cœur eût été sur le point de se briser. Le médecin l'entendit pendant qu'il donnait des ordres à ses nombreux esclaves pour qu'ils se préparassent à partir le lendemain avant le lever du soleil; et, touché de compassion, il interrompit ses occupations pour aller s'asseoir près du chevalier, croisant les jambes à la manière orientale, et il commença à lui offrir des consolations.

— Ami, lui dit-il, prenez courage; car que dit le poëte?—Il vaut mieux être le serviteur d'un bon maître que l'esclave de ses passions fougueuses! Je vous le répète donc, prenez courage, puisque Ysouf ben Yagoub (1) a été vendu par ses frères à un roi, à Pharaon, roi d'Égypte, tandis que votre souverain vous a donné à un homme qui vous traitera comme un frère.

Sir Kenneth essaya de remercier El Hakim; mais son cœur était trop plein, et ses vains efforts pour répondre engagèrent le bon médecin à suspendre ses consolations prématurées : il laissa son nouvel esclave ou son hôte se livrer en repos à son chagrin; et, ayant donné tous les ordres nécessaires pour les préparatifs du départ, il

---

(1) Joseph, fils de Jacob. — Éd.

s'assit sur le tapis qui était étendu sous la tente, et fit un repas frugal. Quand il l'eut terminé, on en offrit un semblable au chevalier écossais; mais, quoique les esclaves lui fissent comprendre que la journée du lendemain serait bien avancée avant qu'ils fissent halte pour prendre des rafraîchissemens, sir Kenneth ne put surmonter le dégoût que lui inspirait toute nourriture solide, et l'on ne put le déterminer qu'à prendre un verre d'eau.

Il était encore éveillé long-temps après que son hôte, ayant terminé ses dévotions ordinaires, s'était endormi. Le sommeil ne l'avait pas même encore visité à minuit, quand il remarqua un mouvement parmi les esclaves, qui, quoique sans parler et avec le moins de bruit possible, s'apprêtaient déjà à charger les chameaux. A l'exception du médecin lui-même, le chevalier écossais fut le dernier individu qui fut troublé dans le cours de ces préparatifs; mais vers trois heures du matin, une espèce de majordome ou d'intendant de la maison vint l'avertir qu'il était temps qu'il se levât. Il obéit sur-le-champ, et le suivit au clair de lune dans un endroit où étaient les chameaux, les uns déjà chargés, les autres ayant encore les genoux pliés en attendant que leur charge fût complète.

A quelque distance des chameaux étaient des chevaux sellés et bridés. El Hakim, qui ne tarda pas à arriver, en monta un avec autant d'agilité que le permettait le grave décorum de son caractère, et en désigna un autre qu'il ordonna qu'on amenât à sir Kenneth. Un officier anglais était présent pour les escorter dans le camp, et veiller à ce qu'ils le quittassent en sûreté et que tout fût prêt pour leur départ. Le pavillon qu'ils venaient de quitter fut plié avec une promptitude presque merveilleuse, et tout ce qui le composait forma la charge du dernier chameau. Le médecin alors, prononçant d'un ton solennel le verset du Koran, — qu'Allah soit notre guide et Mahomet notre protecteur dans le désert comme dans la plaine arrosée, — toute la cavalcade se mit sur-le-champ en marche.

Tandis qu'ils traversaient le camp, les diverses sentinelles qui étaient de garde leur crièrent : Qui va la? et les laissèrent ensuite passer les unes en silence, et les autres, plus zélées, en murmurant une malédiction contre le Prophète. Enfin ils franchirent les barrières du camp, et ils commencèrent alors à marcher avec toutes les précautions militaires. Deux ou trois cavaliers, servant d'avant-garde, précédaient les autres à quelque distance; pareil nombre restait en arrière, à la portée d'un trait d'arbalète, et, toutes les fois que le terrain le permettait, d'autres étaient détachés sur les flancs. Tandis qu'ils s'avançaient dans cet ordre, sir Kenneth, jetant un regard en arrière sur le camp qu'il apercevait au clair de la lune, sentait qu'il n'était plus alors à ses propres yeux qu'un banni, un homme à qui l'on avait ravi en même temps l'honneur et la liberté; il était devenu étranger à ces bannières brillantes sous lesquelles il avait espéré acquérir un glorieux renom; il s'éloignait à jamais de ces tentes qui couvraient en ce moment la fleur de la chevalerie chrétienne et Edith Plantagenet.

El Hakim, qui était à son côté, lui dit avec son ton ordinaire de consolation solennelle : — Il n'est pas sage de regarder en arrière quand le but du voyage est en avant. Tandis qu'il parlait ainsi, le cheval de sir Kenneth fit un faux pas si périlleux, qu'il manqua d'ajouter une morale pratique à celle de l'axiome.

Ce fut pour le chevalier un avertissement de faire plus d'attention à sa monture; c'était une cavale qui eut besoin plus d'une fois d'être retenue par la bride, quoique d'ailleurs aucun palefroi n'eût un pas d'amble plus doux et plus agréable.

— Cet animal peut se comparer à la fortune humaine, dit le médecin sentencieux; même quand il marche du pas le plus doux et le plus assuré, celui qui le monte doit prendre garde de faire une chute. Ainsi, quand la prospérité est arrivée au dernier degré de son élévation, la prudence doit s'éveiller, et ouvrir les yeux pour éviter l'infortune.

Le miel même n'est qu'un objet de dégoût pour un estomac malade. Le chevalier, mortifié de sa digrace et accablé sous le poids de ses malheurs, commençait à s'impatienter un peu d'entendre à chaque instant ses calamités devenir un sujet de proverbes et d'apophthegmes, quelque justes et bien appliqués qu'ils fussent.

— Il me semble, dit-il avec un peu d'humeur, que je n'ai pas besoin de nouvelles preuves de l'instabilité de la fortune. Je vous remercierais pourtant, Hakim, de m'avoir choisi ce coursier s'il pouvait trébucher une bonne fois de manière à me rompre le cou aux dépens du sien.

— Mon frère, répondit le sage maure avec une gravité imperturbable, tu parles comme ceux qui sont privés de raison. Tu dis dans ton cœur qu'un homme sage aurait donné à son hôte le plus jeune et le meilleur cheval, et aurait gardé pour lui le plus vieux. Mais apprends que les défauts du vieux coursier peuvent se compenser par l'énergie du jeune cavalier, et que l'impétuosité du jeune cheval a besoin d'être modérée par le sang-froid du vieillard.

Ainsi parla El Hakim; mais à cette observation sir Kenneth ne répondit rien qui pût fournir les moyens de continuer l'entretien. Le médecin alors, fatigué peut-être d'offrir des consolations à quelqu'un qui ne voulait pas en recevoir, fit un signe à un homme de sa suite.

— Hassan, lui dit-il, n'as-tu rien à nous raconter pour nous faire paraître le chemin moins long?

A cet appel, Hassan, conteur d'histoires et poète de profession, piqua des deux pour approcher de son maître et s'acquitter de ses fonctions.

— Seigneur du palais de la vie, dit-il en s'adressant au médecin, toi devant qui l'ange Azrael déploie ses ailes pour s'enfuir, toi plus sage que Soliman ben Daoud (1), sur le sceau duquel était incrit le VÉRITABLE NOM qui commande aux esprits des élémens, au ciel ne plaise que tandis que tu voyages sur le sentier de la bienveillance, portant l'espérance et la santé partout où tu vas, ta course soit attristée faute d'histoires et de chansons. Voici ton serviteur à ton côté, et il va puiser dans les trésors de sa mémoire comme dans un ruisseau dont les eaux coulent près du chemin pour le rafraîchissement du voyageur.

Après cet exorde Hassan leva la voix, et commença un conte d'amour et de magie, entremêlé de faits belliqueux et orné de nombreuses citations des poètes persans. Tout le cortège d'El Hakim, à l'exception de ceux

(1) Salomon, fils de David. — ÉD.

qui étaient nécessaires pour conduire les chameaux, se pressa autour du conteur, aussi près que le permettait le respect qu'inspirait la présence du maître, pour jouir de ce qui a toujours été un des plus doux passe-temps des habitans de l'Orient.

Dans une autre circonstance, et quoiqu'il ne connût qu'imparfaitement la langue des musulmans, sir Kenneth aurait pu prendre quelque intérêt à cette histoire, qui, quoique inspirée par une imagination plus extravagante, et exprimée dans un style plus ampoulé et plus métaphorique, avait pourtant beaucoup d'analogie avec les romans de chevalerie, alors si à la mode en Europe. Mais, dans les circonstances où il se trouvait, à peine s'aperçut-il qu'un homme, placé au centre de la cavalcade, déclamait et chantait tour à tour, ayant soin de donner aux intonations de la voix l'accent des diverses passions qu'il avait à peindre, et recevant en retour, tantôt des murmures d'approbation, tantôt des expressions de surprise, tantôt des soupirs et des larmes, et quelquefois même, ce qui était plus difficile à arracher à un tel auditoire, des sourires et des éclats de rire bruyans.

Pendant ce récit, l'attention de l'exilé, occupée de ses propres chagrins, en fut quelquefois distraite par le grondement plaintif d'un chien, enfermé dans un panier d'osier placé sur le dos d'un des chameaux. En chasseur expérimenté, il n'eut pas de peine à reconnaître la voix de son fidèle lévrier, et, d'après ses murmures plaintifs, il ne douta pas qu'il ne sentît que son maître était près de lui, et qu'il n'implorât son assistance pour lui rendre la liberté.

— Hélas! pauvre Roswall, pensa-t-il, tu appelles à

ton aide un homme dont l'esclavage est plus cruel que le tien. Je n'aurai pas l'air de faire attention à toi, ni de répondre à ton affection, car notre séparation n'en aurait que plus d'amertume.

Ainsi se passèrent les heures de la nuit et de cette lueur douteuse qui forme le crépuscule du matin en Syrie. Mais quand la première ligne du disque du soleil commença à se montrer à l'horizon ; quand son premier rayon vint frapper obliquement les sables du Désert, dans lequel les voyageurs étaient alors entrés, la voix sonore d'El Hakim se fit entendre au-dessus de celle du conteur, et l'interrompit dans son récit, pour répéter la proclamation solennelle que font les muezzins chaque matin du haut des minarets.

— A la prière ! à la prière ! il n'y a d'autre Dieu que Dieu. A la prière ! à la prière ! Mahomet est le prophète de Dieu ! A la prière ! à la prière ! le temps fuit loin de vous. A la prière ! à la prière ! le jugement approche de vous.

En un instant, chaque musulman se jeta à bas de cheval, tourna le visage vers la Mecque, et fit avec le sable une imitation de ces ablutions qui, en tout autre lieu, doivent se faire avec de l'eau, tandis que, par quelques courtes, mais ferventes exclamations, il invoquait la protection de Dieu et du Prophète, et le pardon de ses péchés.

Sir Kenneth lui-même, dont la raison et les préjugés se révoltèrent en voyant ses compagnons de voyage occupés à ce qu'il regardait comme un acte d'idolâtrie, ne put s'empêcher de respecter la sincérité de leur dévotion ; et il fut excité par leur ferveur à offrir des supplications au ciel. Cependant il avait peine à concevoir qu'un sentiment tout nouveau pour lui le portât à joindre ses prières, quoique sous une invocation différente, à celle de ces mêmes Sarrasins, dont le culte profane lui avait paru déshonorer un pays dans lequel de si grands miracles s'étaient opérés, et où s'était levé l'astre de la rédemption.

Cependant cet acte d'une dévotion pure, quoique fait dans une compagnie si étrange, partait du sentiment naturel à l'homme de ses devoirs religieux, et il produisit son effet ordinaire sur le chevalier écossais, en portant le calme dans son esprit harassé par tant de calamités successives. Les prières sincères et ferventes que le chrétien adresse au trône du Tout-Puissant lui donnent la meilleure leçon de patience dans l'affliction; car pourquoi adresserions-nous à la Divinité des prières outrageantes, quand nous l'insultons en murmurant contre ses décrets? Comment, lorsque la voix de nos prières vient d'avouer le néant et la vanité des choses temporelles, espérerions-nous tromper le scrutateur des cœurs, en permettant au monde et aux passions mondaines de reprendre sur nous leur empire tumultueux dès que le moment de notre dévotion est passé? Il y a eu, il y a peut-être encore des personnes assez inconséquentes pour permettre aux passions terrestres de reprendre les rênes de leur esprit, même immédiatement après une invocation solennelle adressée au ciel; mais sir Kenneth n'était pas de ce nombre; il se sentit consolé, fortifié, et mieux préparé à faire tout ce que sa destinée exigerait de lui, et à se soumettre à tout ce qu'elle pourrait l'appeler à souffrir.

Cependant les Sarrasins remontèrent à cheval, et

Hassan avait repris le fil interrompu de sa narration ; mais il ne s'adressait plus à des auditeurs attentifs. Un cavalier qui avait gravi une hauteur à quelque distance sur la droite de la petite troupe en était revenu au grand galop, et avait dit quelques mots à voix basse à El Hakim ; celui-ci avait dépêché quatre ou cinq autres cavaliers vers le même endroit, et toute la caravane, qui pouvait consister en une trentaine de personnes, les suivait des yeux, comme des hommes dont les gestes et la marche devaient leur annoncer de bonnes ou de mauvaises nouvelles. Hassan, voyant que son auditoire ne l'écoutait plus, ou occupé lui-même de ce qui se passait sur le flanc droit, interrompit de nouveau son récit, et la marche devint silencieuse, si ce n'est quand un chamelier adressait la parole à l'animal patient qu'il conduisait, pour l'encourager, ou qu'un homme de la troupe disait à son voisin d'un air inquiet quelques mots à voix basse.

Cet état d'incertitude dura jusqu'à ce qu'ils eussent tourné une chaîne de monticules de sable cachant à la caravane la hauteur d'où leurs vedettes avaient aperçu l'objet qui avait donné l'alarme. Sir Kenneth vit alors, à la distance de plus d'un mille, un corps noir qui semblait se mouvoir au milieu du Désert avec rapidité ; son œil exercé reconnut bientôt que c'était une troupe de cavalerie bien supérieure en nombre à celle dont il faisait partie ; et, aux éclairs fréquens que les rayons du soleil en faisait jaillir, il ne put douter que ce ne fussent des Européens armés de toutes pièces.

Les regards d'inquiétude que les cavaliers d'El Hakim jetaient alors sur leurs chefs semblaient indiquer de grandes craintes ; mais celui-ci, d'un air aussi tranquille que lorsqu'il avait appelé sa suite à la prière, détacha deux de ses gens les mieux montés, auxquels il donna ordre d'approcher, autant que la prudence le permettrait, de ces voyageurs du Désert, et de reconnaître plus exactement leur nombre, leur nation, et, s'il était possible, leurs intentions.

L'approche du danger, ou du moins de ce qu'on paraissait regarder comme tel, fut pour sir Kenneth ce qu'est un breuvage stimulant pour un homme plongé dans l'apathie, et le rappela à lui-même.

— Ces cavaliers me semblent chrétiens, dit-il à El Hakim; que pouvez-vous en avoir à craindre?

— A craindre! répéta Adonebec. Le sage ne craint que le ciel; mais il attend des méchans tout le mal qu'ils peuvent faire.

— Ce sont des chrétiens, répliqua Kenneth; la trève dure encore; pourquoi craignez-vous qu'ils la violent?

— Ce sont les prêtres-soldats du Temple, répondit El Hakim, et ils ont fait vœu de ne connaître ni paix ni trève avec les adorateurs d'Allah. Puisse le Prophète faire tomber la foudre du ciel sur l'arbre, les branches et les rejetons! leur paix est la guerre, et leur foi n'est que mensonge. Les autres ennemis des vrais croyans ont leurs momens de courtoisie. Le lion Richard épargne ceux qu'il a terrassés, l'aigle Philippe ferme ses ailes quand il a frappé sa proie, même le sanglier autrichien s'endort quand il est gorgé; mais cette bande de loups toujours affamés ne connaît ni relâche ni satiété dans ses rapines. Ne voyez-vous pas qu'ils détachent de leur troupe un corps qui s'avance du côté de l'Orient? Ce sont leurs pages et leurs écuyers qu'ils instruisent dans leurs maudits mystères, et ils les envoient comme troupes légères pour nous couper le chemin de la fontaine; mais ils ne nous tiennent pas. Je connais mieux qu'eux la guerre du Désert.

Il dit quelques mots à son principal officier, et ses traits, ainsi que tout son extérieur, perdant tout à coup l'air de repos solennel d'un sage de l'Orient, plus accoutumé à la contemplation qu'à l'action, prirent l'expression vive et fière d'un brave soldat dont l'énergie est excitée par l'approche d'un danger prochain qu'il prévoit et qu'il méprise.

Aux yeux de sir Kenneth, la crise qui s'avançait avait un aspect tout différent; et lorsque Adonebec lui dit: — Il faut que tu restes à mon côté, il s'y refusa positivement.

— Voilà mes compagnons d'armes, répondit-il, les hommes avec lesquels j'ai fait vœu de combattre, de vaincre ou de périr. Le signe de notre bienheureuse rédemption brille sur leur bannière : je ne fuirai pas la croix pour accompagner le croissant.

— Insensé, dit El Hakim, leur premier soin serait de te mettre à mort, quand ce ne serait que pour cacher leur violation de la trêve.

— C'est à quoi il faut que je m'expose, répondit le chevalier; je ne porterai pas un instant de plus les fers des infidèles quand je puis m'y soustraire.

— En ce cas, je saurai te forcer à me suivre, répondit Adonebec.

— Me forcer! s'écria sir Kenneth avec fierté. Si tu n'étais pas mon bienfaiteur, ou du moins un homme qui as montré la volonté de l'être; si je ne devais pas à ta confiance la liberté de ces bras, que tu aurais pu charger de fers, je te prouverais, sans armes comme je le suis, qu'il ne serait pas facile de m'y forcer.

— Il suffit, il suffit, dit le médecin maure; nous perdons un temps qui commence à devenir précieux.

A ces mots, il leva le bras en l'air, et poussa un cri perçant, servant de signal aux gens de sa suite, qui se dispersèrent à l'instant sur la surface du Désert, tels que les grains d'un chapelet dont le fil est rompu. Sir Kenneth n'eut pas le temps de voir ce qui s'ensuivit, car les rênes de son cheval furent saisies par El Hakim, et il fut comme entraîné par lui avec une rapidité qui lui ôta presque la respiration, et qui l'eût mis hors d'état, quand il l'aurait désiré, d'arrêter son guide dans sa course. Quelque habile qu'il fût dans l'art de l'équitation depuis sa première jeunesse, le cheval le plus vif qu'il eût monté jusqu'alors n'était qu'une tortue auprès de ceux du médecin maure. Ils faisaient jaillir le sable sous leurs pieds, et semblaient dévorer l'espace du Désert devant eux. On aurait presque pu compter les milles par les minutes qu'ils employaient à les parcourir, et cependant ils ne paraissaient pas plus fatigués, et ils respiraient aussi librement que lorsqu'ils avaient commencé cette course extraordinaire. Leurs mouvemens étaient aussi doux que rapides. Sur ces animaux, on aurait cru voler dans l'air, au lieu de courir sur la terre; et l'on n'éprouvait aucune sensation désagréable, si ce n'est l'espèce de vertige occasioné par une rapidité si extraordinaire, et la difficulté de respirer.

Ce ne fut qu'au bout d'une heure, lorsqu'ils eurent tout lieu de croire qu'ils ne pouvaient plus être poursuivis, qu'El Hakim ralentit enfin la course de ses chevaux, et leur permit de prendre un galop ordinaire. Il commença alors, d'une voix aussi calme que s'il eût marché au pas pendant toute cette dernière heure, à faire l'éloge de l'excellence de ses coursiers au chevalier écossais, qui, étourdi, moitié sourd, moitié aveugle, comprenait à peine les paroles que son compagnon prononçait avec une aisance sans égale.

— Ces chevaux, dit-il, sont de la race de ceux qu'on appelle les ailés, et ils ne le cèdent en rapidité qu'au Borak du Prophète. On les nourrit de l'orge dorée de l'Yémen, mêlée d'épices et d'un peu de chair de mouton séchée. Des rois ont donné des provinces pour en obtenir, et leur vieillesse a autant d'activité que leur jeunesse. Tu es le premier de ta croyance, Nazaréen, qui ait jamais pressé les flancs d'un coursier de cette noble race, don que le Prophète lui-même fit au bienheureux Ali, son parent et son lieutenant, surnommé à juste titre le *Lion de Dieu*. Les pas du temps effleurent si légèrement ces généreux animaux, que la jument que tu montes en ce moment a vu cinq fois cinq ans passer sur sa tête, sans qu'elle ait rien perdu de sa vitesse et de sa vigueur, si ce n'est qu'elle a maintenant besoin d'être soutenue par une bride tenue d'une main plus expérimentée que la tienne. Beni soit le Prophète qui a donné aux vrais croyans les moyens d'avancer et de faire retraite avec le même bonheur, tandis que leurs ennemis, couverts de fer, sont accablés sous le poids de leurs propres armes ! Comme les pauvres chevaux de ces chiens de Templiers ont dû souffler et renifler, après être enfoncés jusqu'au fanon dans les sables du désert, en avançant jusqu'à la vingtième partie de l'espace que ces braves coursiers viennent de parcourir sans être essoufflés, sans qu'un poil sur leur corps soit couvert d'écume !

Le chevalier écossais, qui commençait alors à reprendre haleine, et à se trouver en état de faire attention au discours de son compagnon, ne put s'empêcher de reconnaître au fond du cœur l'avantage qu'assurait aux guerriers de l'Orient une race d'animaux également propres à l'attaque et à la fuite, et si admirablement adaptés aux déserts sablonneux de l'Arabie et de la Syrie. Mais, ne voulant pas augmenter l'orgueil du musulman en convenant de cette supériorité, il laissa tomber la conversation, et, jetant les yeux autour de lui, il s'aperçut, grace au pas plus modéré dont il marchait alors, qu'il se trouvait dans une contrée qui ne lui était pas inconnue.

Les bords stériles et les eaux sombres de la mer Morte, la chaîne des montagnes arides et escarpées qui s'élevaient sur la gauche, le groupe de palmiers formant le seul point de verdure qu'on aperçût au sein de ce vaste désert, c'étaient là des objets qu'on ne pouvait oublier quand on les avait vus une seule fois. Sir Kenneth reconnut donc qu'il approchait de la fontaine appelée le Diamant du désert, qui, quelque temps auparavant, avait été témoin de son entrevue avec l'émir sarrasin Sheerkof, ou Ilderim. Au bout de quelques minutes ils s'arrêtèrent près de la source, et El Hakim invita sir Kenneth à descendre de cheval, et à se reposer comme en un lieu de sûreté. Ils débridèrent leurs coursiers, et Adonebec dit qu'il était inutile de leur donner d'autres soins, attendu que ceux de ses esclaves qui étaient le mieux montés ne tarderaient pas à les rejoindre, et feraient tout ce qui serait nécessaire.

— En attendant, ajouta-t-il en plaçant quelque nourriture sur le gazon, mangeons, buvons, et ne nous décourageons point. La fortune peut élever ou abattre le courage d'un homme ordinaire; mais l'esprit du sage et du soldat doit toujours être au-dessus de ses caprices.

Le chevalier écossais chercha à le remercier en montrant de la docilité; mais, quoiqu'il s'efforçât de manger par complaisance, le contraste affligeant qui existait entre sa position actuelle et la situation dans laquelle il s'était trouvé en ce même lieu quand il était l'envoyé des princes et vainqueur dans un combat singulier, était comme un poids accablant pour son esprit; et un long jeûne, la fatigue et l'inquiétude, le privaient de l'usage de ses forces. Le médecin remarqua sa respiration gênée, lui tâta le pouls, qu'il trouva fort agité, toucha sa main brûlante, et examina ses yeux rouges et enflammés.

— L'esprit devient sage par les veilles, lui dit-il; mais le corps, son frère, étant composé de matériaux plus grossiers, a besoin de se fortifier par le repos. Il faut que tu dormes pour te rafraîchir; et pour que tu dormes plus facilement, il faut que tu prennes de cet élixir.

A ces mots il tira de son sein une petite fiole de cristal, entourée d'un filigrane d'argent, et, remplissant d'eau une petite coupe d'or, il y versa quelques gouttes d'une liqueur de couleur noire.

— C'est une des productions qu'Allah a accordées à la terre pour le bonheur des hommes, dit-il, quoique leur faiblesse et leur corruption en aient quelquefois fait une malédiction. Cette liqueur est aussi puissante que la coupe de vin du Nazaréen pour faire tomber le rideau des paupières sur les yeux qui ne peuvent se fermer, et pour alléger le fardeau d'un cœur oppressé; mais quand on s'en sert pour la débauche et la sensualité, elle relâche les nerfs, détruit les forces, affaiblit l'esprit, et dessèche les sources de la vie. Ne crains pas de recourir à ses vertus quand l'occasion l'exige, car le sage se chauffe au même feu dont le fou se sert pour incendier sa tente.

— J'ai eu trop de preuves de ta science, sage Hakim, répondit sir Kenneth, pour hésiter à obéir, et il prit la potion narcotique, mêlée à l'eau pure de la fontaine. S'enveloppant alors dans le haïk, ou manteau arabe, qui avait été attaché au pommeau de sa selle, il s'étendit à l'ombre, suivant les ordres du médecin, pour y attendre le repos dont il avait besoin.

Le sommeil n'arriva pas sur-le-champ, mais en place il éprouva une suite de sensations agréables, qui ne le tiraient pourtant pas de l'engourdissement qui commençait à s'emparer de lui. Il s'ensuivit un état pendant lequel, tout en gardant la conscience de sa position, il se trouvait capable de contempler toutes ses infortunes, non-seulement sans alarmes et sans chagrin, mais aussi tranquillement que s'il en eût vu représenter l'histoire sur un théâtre, ou comme s'il eût été un esprit passant en revue les événemens arrivés à un corps pendant qu'il l'avait animé. De cet état de repos, qui allait presque à l'apathie relativement au passé, les pensées de sir Kenneth furent rapidement portées vers l'avenir; et, en dépit de toutes les causes qui devaient en rembrunir la perspective, il le vit briller de couleurs que, sous de beaucoup plus heureux auspices, son imagination, privée de ce stimulant, n'avait jamais été capable de produire même dans sa plus vive exaltation. La liberté, la gloire, l'amour heureux, paraissaient attendre, à une distance peu éloignée, l'esclave banni, le chevalier déshonoré, l'amant privé de toute espérance, qui avait placé si haut ses désirs de bonheur, que le hasard, dans ses plus bizarres combinaisons, ne semblait pouvoir jamais l'y faire atteindre.

Peu à peu ces visions joyeuses se dissipèrent et s'évanouirent dans un oubli total, comme les teintes mourantes du soleil couchant. Enfin sir Kenneth resta étendu aux pieds d'El Hakim, dans une immobilité si complète que, s'il n'avait respiré, on aurait pu le prendre pour un corps que la vie avait cessé d'animer.

CHAPITRE XXIII.

—

» La baguette à la main, un prompt enchantement
» D'un sol mystérieux vient changer la surface,
» Et l'on croit, en voyant la scène qui se passe,
» Que la fièvre ou qu'un songe a fait ce changement. »

Astolphe.

Quand le chevalier du Léopard s'éveilla après un repos profond, il se trouva dans une situation si différente de celle où il était avant de s'être endormi, qu'il douta s'il était éveillé, ou si la scène avait été changée par la magie. Au lieu d'être étendu sur la terre, il reposait sur une couche ornée avec un luxe plus qu'oriental. Des mains attentives l'avaient dépouillé pendant son sommeil du justaucorps de chamois qu'il portait sous son armure; on y avait substitué le linge le plus fin et une grande robe de soie. Au lieu d'avoir la tête abritée par les palmiers du Désert, il était sous un pavillon enrichi des plus brillantes couleurs de la Chine; et un rideau de gaze, étendu autour de sa couche, était disposé de manière à le garantir pendant son sommeil de ces insectes aux attaques desquels il avait été constamment en proie depuis son arrivée dans ce climat.

Il regarda autour de lui, comme pour se convaincre qu'il était bien éveillé; mais tout dans ce lieu répondait à la splendeur de son lit. Un bain de cèdre portatif, doublé en argent, avait déjà été rempli pour lui d'une eau tiède? et l'atmosphère était embaumée par l'odeur des parfums dont on avait fait usage en le préparant. Sur une petite table d'ébène était un vase d'argent plein du sorbet le plus exquis, froid comme la neige, et que la soif qui suit l'usage d'un fort narcotique lui fit paraître doublement délicieux. Pour dissiper les restes de l'espèce d'ivresse occasionée par le breuvage qu'il avait pris, le chevalier entra dans le bain, et il y trouva un rafraîchissement délicieux, tant pour son esprit que pour ses membres.

Après s'être essuyé avec des serviettes de laine des Indes, le chevalier aurait volontiers repris ses vêtemens ordinaires pour aller voir ensuite si le monde était aussi changé pour lui au dehors que dans l'endroit où il venait de reposer; mais il ne put les trouver, et il vit qu'on avait substitué en leur place un riche costume sarrasin avec un cimeterre et un poignard, tels qu'en portaient les émirs. Ne pouvant deviner à quel motif il devait attribuer cet excès d'attention, il ne put s'empêcher de soupçonner qu'il avait pour but de l'ébranler dans sa foi; car on savait que la haute estime qu'avait le soudan pour les connaissances et le courage des Européens lui inspirait une générosité sans bornes pour ceux qui, étant devenus ses prisonniers, s'étaient laissé déterminer à prendre le turban. Faisant donc le signe de la croix avec dévotion, il résolut de braver de semblables pièges, et, pour le faire avec plus de fermeté, il se promit d'user avec modération des objets de luxe qu'on multipliait autour de lui. Cependant il se sentait encore la tête lourde, son besoin de dormir n'était pas encore dissipé; et, comme il ne pouvait se montrer en plein air avec sa robe de nuit, il se rejeta sur son lit, et le sommeil ne tarda pas à lui fermer les yeux de nouveau.

Mais pour cette fois son sommeil fut interrompu, car il fut éveillé par la voix du médecin maure, qui, à la porte de la tente, lui demanda comment il se portait et s'il avait assez dormi. — Puis-je entrer dans votre pavillon? ajouta-t-il, car le rideau est encore tiré devant la porte.

Déterminé à prouver qu'il n'avait pas oublié l'état auquel il était réduit, sir Kenneth lui répondit : — Le maître n'a pas besoin de permission pour entrer sous la tente de l'esclave.

— Mais si je ne viens pas comme maître? dit El Hakim sans entrer.

— Le médecin, répondit le chevalier, a toujours un libre accès près du lit de son malade.

— Je ne viens pas en ce moment comme médecin, répliqua Adonebec; et c'est pourquoi je te demande ta permission pour entrer sous l'abri de ta tente.

— Quand un ami se présente, et tu m'as prouvé jusqu'ici que tu en avais pour moi les sentimens, répondit sir Kenneth, l'habitation de l'ami est toujours ouverte pour le recevoir.

— Eh bien, dit le sage à la manière des Orientaux, qui aiment les circonlocutions, en supposant que je ne vienne pas comme ami?

— Viens comme tu le voudras, s'écria le chevalier écossais, s'impatientant un peu de toutes ces suppositions, sois ce qu'il te plaira; tu sais fort bien que je n'ai ni le pouvoir ni la volonté de te refuser l'entrée de cette tente.

— Je viens donc comme votre ancien ennemi, répondit El Hakim, mais comme un ennemi franc et généreux.

Il entrait en prononçant ces paroles, et lorsqu'il se trouva devant le lit de sir Kenneth, la voix était toujours celle d'Adonebec, le médecin maure, mais la taille, le costume et les traits étaient ceux d'Ilderim du Kourdistan, surnommé Sheerkof. Sir Kenneth le regarda comme s'il se fût attendu à voir s'évanouir une vision créée par son imagination.

— Es-tu surpris, toi guerrier éprouvé, dit Ilderim, de voir qu'un soldat connaisse quelque chose à l'art de guérir? Je te dis, Nazaréen, qu'un cavalier accompli doit savoir saigner son coursier aussi bien que le monter; forger son cimeterre sur l'enclume comme en frapper l'ennemi, fourbir ses armes de même que s'en servir, et par-dessus tout être aussi habile dans l'art de guérir les blessures que dans celui de les faire.

Tandis qu'il parlait ainsi, le chevalier chrétien ferma plusieurs fois les yeux; et tant qu'ils étaient fermés, l'idée du médecin maure, avec sa longue robe noire, son grand turban tartare, et ses gestes pleins de gravité, se présentait à son imagination; mais, dès qu'il les ouvrait, le turban placé avec grace sur le front de celui qui était devant lui, et orné de pierres précieuses, le léger haubert formé de mailles d'acier et d'argent entrelacées, et qui jetait un éclat brillant en se prêtant aux moindres inflexions de son corps; des traits dépouillés de leur expression solennelle, et moins basanés, enfin des cheveux moins épais et des moustaches noires, annonçaient le soldat plutôt que le sage.

— Es-tu encore aussi surpris? lui demanda l'émir; as-tu vécu dans le monde sans y faire assez d'observations pour savoir que les hommes ne sont pas toujours ce qu'ils semblent être? toi, toi-même, es-tu ce que tu parais?

— Non! non! par saint André! s'écria sir Kenneth; car je parais un traître aux yeux de tout le camp chrétien, et je sais que je suis franc et fidèle, quoique j'aie commis une faute.

— C'est ainsi que je t'ai jugé, dit Ilderim, et, comme nous avions mangé du sel (1) ensemble, je me suis cru obligé de te sauver de la mort et de l'ignominie. Mais pourquoi restez-vous encore sur votre couche, quand le soleil est déjà bien haut dans le firmament? Les vêtemens que je vous ai fait préparer sont-ils indignes de vous?

— Ils n'en sont certainement pas indignes, noble Ilderim; mais ils ne peuvent me convenir. Donnez-moi l'habit d'un esclave, et je le porterai volontiers; mais je ne puis me résoudre à porter le vêtement du guerrier libre de l'Orient et le turban du musulman.

— Nazaréen, votre nation se livre si aisément aux

(1) On sait qu'en Orient l'homme avec qui on a mangé du sel devient un ami. — Éd.

soupçons, qu'il n'est pas étonnant qu'elle en inspire.
Ne vous ai-je pas dit que Saladin ne désire de convertir que ceux que le saint Prophète dispose à se soumettre à sa loi? La violence et la corruption ne sont pas les moyens qu'il emploie pour étendre la vraie foi. Écoutez-moi, mon frère : quand la lumière fut miraculeusement rendue à l'aveugle, quand les écailles tombèrent de ses yeux, par le bon plaisir d'Allah, croyez-vous qu'aucun médecin de la terre aurait pu lui rendre le même service? non : il aurait tourmenté le patient avec ses instrumens, peut-être aurait-il adouci ses souffrances par des baumes et des cordiaux ; mais l'aveugle serait resté dans les ténèbres dans lesquelles il était plongé. Il en est de même de l'aveuglement d'esprit. S'il est parmi les Francs des hommes qui aient pris le turban du Prophète, et embrassé les lois de l'islamisme par l'amour d'un vil lucre, que le blâme en retombe sur leur conscience! Ils ont eux-mêmes cherché l'appât, ce n'est pas le soudan qui le leur a présenté. Et lorsqu'ils seront condamnés comme hypocrites à habiter le gouffre le plus bas de l'enfer, au-dessous du chrétien et du juif, du magicien et de l'idolâtre, et à manger le fruit de l'arbre yacoum, qui est la tête des démons, ce sera à eux et non au soudan qu'il faudra attribuer leur crime et le châtiment dont il sera suivi. Portez donc, sans hésiter et sans scrupule, les vêtemens qui vous ont été préparés, car si vous allez au camp de Saladin, le costume européen fixerait tous les yeux sur vous d'une manière peu agréable, et vous exposerait peut-être même à des insultes.

— Si je vais au camp de Saladin! répéta sir Kenneth. Hélas! mes volontés sont-elles libres? Ne faut-il pas que j'aille partout où il vous plaira de me conduire ?

— Ta propre volonté sera ton guide, et elle te conduira librement de tel côté qu'elle le voudra, comme le vent qui chasse devant lui le sable dans le Désert. Le noble ennemi qui m'a combattu et qui m'a presque vaincu ne peut devenir mon esclave, comme celui qui s'est humilié sous mon cimeterre. Si la richesse et le pouvoir pouvaient te déterminer à te joindre à notre armée, je pourrais te les assurer; mais je crains bien que l'homme qui a dédaigné les faveurs du soudan quand le glaive était levé sur sa tête, ne les accepte pas si je lui laisse la liberté du choix.

— Mettez le comble à votre générosité, noble émir, en me désignant, pour m'acquitter envers vous, un moyen que ma conscience puisse adopter. Permettez-moi de vous exprimer, comme la courtoisie m'en fait un devoir, ma reconnaissance de votre bonté chevaleresque, de votre générosité si peu méritée.

— Ne dis pas si peu méritée. N'est-ce pas toi qui, par ta conversation et par la peinture que tu m'as faite des beautés qui ornent la cour de Melec Ric, m'as inspiré le projet de m'y rendre déguisé, et m'as procuré ainsi la vue du plus beau spectacle dont mes yeux aient joui jusqu'ici, et dont ils puissent jamais jouir jusqu'à ce qu'ils s'ouvrent pour voir briller la gloire du paradis ?

— Je ne vous comprends pas, répondit sir Kenneth, rougissant et pâlissant alternativement, car il sentait que l'entretien prenait une tournure délicate.

— Tu ne me comprends pas ! s'écria l'émir. Si le spectacle que j'ai vu sous la tente du roi Richard a échappé à tes observations, il faut que ta vue soit plus émoussée que le tranchant du sabre de bois d'un bouffon. Il est vrai que tu étais alors sous le coup d'une sentence de mort; mais moi, quand ma tête eût été à demi séparée de mon tronc, le dernier regard de mes yeux enchantés se serait fixé avec délices sur cette vision ravissante, et ma tête aurait roulé vers cette incomparable houri pour baiser de ses lèvres tremblantes le bas de ses vêtemens. Ah! cette reine d'Angleterre, par ses attraits supérieurs, mérite d'être la reine de l'univers! Que de tendresse dans son œil bleu! que d'éclat dans les tresses de fils d'or qui composent sa chevelure! Par la tombe du Prophète, j'ai peine à croire que la houri qui me présentera la coupe de l'immortalité puisse mériter de si tendres caresses!

— Sarrasin, dit le chevalier d'un ton sévère, tu parles de l'épouse de Richard d'Angleterre, et il n'est permis de penser à elle et d'en parler qu'en la considérant non comme une femme qu'on puisse aimer, mais comme une reine qu'on doit respecter.

— Pardon, dit l'émir; j'avais oublié votre vénération superstitieuse pour le sexe. Je ne songeais pas que vous regardez les femmes comme des objets d'admiration et d'adoration, plutôt que d'amour et de jouissance! Mais, puisque tu exiges un respect si profond pour cette idole fragile que tous ses gestes, tous ses mouvemens, tous ses regards, annoncent être une véritable femme, je conviendrai qu'on ne peut accorder rien de moins que de l'adoration à cette autre à chevelure brune, et dont le grand œil est si éloquent. J'avoue qu'elle a dans son port noble et dans son air majestueux quelque chose de pur et d'imposant; mais je te garantis que, pressée par l'occasion, elle-même, au fond du cœur, remercierait un amant entreprenant de la traiter comme une mortelle plutôt que comme une déesse.

— Infidèle, s'écria sir Kenneth d'un ton courroucé, respecte la parente de Cœur-de-Lion.

— Que je la respecte ! répéta l'émir avec dédain ; ce serait donc plutôt comme la femme de Saladin.

— Le soudan païen est indigne de baiser la terre qui a été foulée par les pieds d'Edith Plantagenet ! s'écria le chevalier chrétien en sautant à bas de son lit.

— Ah ! que dit le giaour ? s'écria l'émir en portant la main sur son poignard, tandis que son front brillait comme un métal ardent, et que chaque poil de sa barbe se hérissait, comme si la colère leur eût donné la vie. Mais le chevalier écossais, que n'avait pas épouvanté le courroux de lion de Richard, ne fut pas effrayé par la fureur de tigre du Sarrasin irrité.

— Ce que j'ai dit, répliqua-t-il en croisant les bras, et d'un air intrépide, je le soutiendrais à pied et à cheval contre qui que ce soit ; et je ne regarderais pas comme le fait le plus mémorable de ma vie de le maintenir avec ma bonne épée contre une vingtaine de ces faux et de ces épingles. — Et il montrait en même temps le cimeterre à lame recourbée et le poignard du Sarrasin.

Pendant que sir Kenneth parlait ainsi, le Sarrasin devint assez maître de lui-même pour retirer la main qu'il avait placée sur son poignard, comme si le mouvement qu'il avait fait en y touchant n'eût été que l'effet du hasard ; mais sa colère n'était pas apaisée.

— Par le cimeterre du Prophète, qui est la clef du ciel et de l'enfer, mon frère, s'écria-t-il, c'est faire peu de cas de la vie que de parler comme tu viens de le faire.

Crois-moi, si tes bras étaient libres, comme tu le disais, un seul vrai croyant leur donnerait tant d'ouvrage, que tu désirerais bientôt qu'ils fussent chargés de fers.

— J'aimerais mieux qu'on me les coupât jusqu'aux épaules, répliqua sir Kenneth.

— Soit! mais tes mains sont liées à présent, dit l'émir d'un ton plus doux; elles sont liées par le sentiment de la courtoisie, et je n'ai pas dessein de leur rendre la liberté en ce moment. Nous avons déjà fait l'épreuve de notre force et de notre courage; nous pouvons nous rencontrer encore sur le champ de bataille, et alors honte à celui qui sera le premier à se séparer de son ennemi! mais maintenant nous sommes amis, et j'attendrais de toi aide et secours plutôt qu'insulte et défi.

— Nous sommes amis! répéta le chevalier.

Il y eut quelques instants de silence pendant lesquels le Sarrasin impétueux se promena dans la tente, comme le lion qui, dit-on, après une violente irritation, prend ce moyen pour rafraichir l'ardeur de son sang avant de s'étendre dans son antre pour se reposer. Le chrétien, plus calme, conserva le même aspect et la même attitude; mais il n'en cherchait pas moins à maîtriser le sentiment de colère qui s'était éveillé si inopinément.

— Raisonnons tranquillement, dit enfin l'émir. Je suis médecin, comme tu sais; et celui qui désire la guérison de sa blessure doit souffrir patiemment qu'on la sonde: je vais donc mettre le doigt dans ta plaie. Tu aimes cette parente de Melec Ric. Soulève le voile qui couvre tes pensées, ou, si tu le préfères, ne le soulève pas, car mes yeux peuvent percer à travers ce tissu.

— Je l'ai aimée comme on aime la grace du ciel, répondit sir Kenneth après un moment de silence; j'ai désiré ses bonnes graces comme on désire le pardon du ciel.

— Et tu ne l'aimes plus? demanda Ilderim.

— Hélas! je ne suis plus digne de l'aimer. Mais terminons cette conversation; tes paroles sont pour moi des coups de poignard.

— Encore un moment de patience. Quand toi, pauvre et obscur soldat, tu osas élever si haut ton affection, dis-moi, avais-tu conçu quelque espoir favorable?

— L'amour n'existe pas sans espérance; mais le mien tenait davantage du désespoir. J'étais comme le marin qui dispute sa vie aux flots en nageant, et qui, en surmontant la vague, voit briller de temps en temps la lueur d'un phare éloigné qui l'avertit qu'il a la terre en vue, quoique son cœur abattu et ses membres fatigués l'assurent qu'il n'y arrivera jamais.

— Et maintenant cet espoir a fait naufrage? Cette lueur solitaire s'est éteinte pour toujours?

— Pour toujours! répéta sir Kenneth avec un accent sépulcral.

— Il me semble, dit l'émir, que, s'il ne faut pour ton bonheur que la lueur éloignée d'un météore, il serait possible que la flamme du phare dont tu viens de parler se rallumât; que tes espérances sortissent du fond des flots qui les ont englouties, et que tu pusses reprendre l'occupation agréable de nourrir ton amour d'alimens aussi peu substantiels que le clair de la lune; car si tu jouissais demain, brave chevalier, d'une réputation sans tache, comme par le passé, celle que tu aimes n'en serait pas moins la parente d'un roi, l'épouse destinée à Saladin.

— Je voudrais que cela fût, dit l'Écossais, et alors je.....

Il se tut comme un homme qui rougit de faire une menace que les circonstances ne lui permettent pas d'exécuter. Le Sarrasin sourit, et termina la phrase interrompue.

— Tu appellerais le soudan en combat singulier?

— Et quand cela serait, répondit sir Kenneth avec hauteur, ce ne serait ni le premier ni le meilleur turban contre lequel j'aurais mis ma lance en arrêt.

— Oui ; mais il me semble qu'il pourrait regarder comme trop inégale cette manière de mettre en risque une épouse royale et l'événement d'une guerre importante.

— On peut le rencontrer dans les premiers rangs un jour de bataille, dit le chevalier, les yeux brillans des idées qu'une telle pensée lui inspirait.

— C'est où on l'a toujours trouvé ; et il n'est pas habitué à tourner la bride de son cheval quand un brave ennemi se présente devant lui. Mais ce n'était pas du soudan que j'avais intention de te parler : en un mot, si tu peux te contenter d'acquérir la réputation qu'on peut mériter en découvrant le brigand qui a volé la bannière d'Angleterre, je puis te mettre en bon chemin pour accomplir cette tâche, c'est-à-dire si tu veux te laisser guider; car que dit Lockman ? Si l'enfant veut marcher, il faut que la nourrice le conduise ; si l'ignorant veut comprendre, il faut que le sage l'instruise.

— Et tu es sage, Ilderim ; sage quoique Sarrasin, et généreux quoique infidèle. Les occasions ne m'ont pas manqué pour m'en assurer. Sois donc mon guide en cette affaire, et, pourvu que tu ne me demandes rien qui soit contraire à ma loyauté et à ma foi chrétienne, je t'obéirai ponctuellement. Exécute ce que tu viens de me dire, et prends ensuite ma vie quand cette tâche sera terminée.

— Ecoute-moi donc. Ton noble chien est guéri maintenant, guéri par la vertu de ce divin remède, aussi salutaire aux animaux qu'il l'est aux hommes. Sa sagacité reconnaîtra celui qui l'a blessé.

— Ah! il me semble que je te comprends. Comment se fait-il que je n'y ai pas songé moi-même?

— Mais, dis-moi, as-tu dans le camp quelques personnes à ta suite qui connaissent cet animal?

— J'ai congédié mon vieil écuyer, celui que tu as guéri, avec un jeune varlet qui le servait, au moment où je n'attendais plus que la mort, et je lui ai donné des lettres pour mes parens en Écosse. Il n'existe aucun autre individu à qui le chien soit connu. Mais moi, je le suis généralement; le son de ma voix suffira seul pour me trahir dans un camp où, pendant plusieurs mois, je n'ai pas joué le dernier rôle.

— N'importe, le maître et l'animal seront déguisés de manière à tromper les yeux les plus clairvoyans. Je te dis que ton frère d'armes, ton frère par le sang, ne te reconnaîtra pas si tu veux te laisser guider par mes conseils. Tu m'as vu faire des choses plus difficiles. Celui qui peut rappeler le mourant du sein des ombres de la mort peut aisément répandre un brouillard devant les yeux des vivans. Mais fais attention à mes paroles; une condition est attachée à ce service; il faut que tu remettes une lettre de Saladin à cette parente de Melec Ric dont le nom est aussi difficile pour notre langue et nos lèvres orientales que sa beauté est admirable à nos yeux.

Sir Kenneth réfléchit avant de répondre, et le Sarrasin, le voyant hésiter, lui demanda s'il craignait de se charger de cette mission.

— Non, quand je devrais mourir en la remplissant, répondit le chevalier; je considère seulement s'il convient à mon honneur d'être porteur d'une lettre du soudan, et si celui de lady Edith lui permet d'en recevoir une d'un prince païen.

— Par la tête de Mahomet et l'honneur d'un soldat, par le tombeau du Prophète et l'ame de mon père, je te jure que la lettre est écrite en tout honneur et respect. Le chant du rossignol flétrira les roses du bosquet qu'il fréquente avant que les paroles du soudan offensent les oreilles de l'aimable parente du roi d'Angleterre.

— En ce cas, dit le chevalier, je remettrai la lettre du soudan aussi fidèlement que si j'étais né son vassal : bien entendu qu'à l'exception de ce simple service, dont je m'acquitterai avec fidélité, il ne doit attendre de moi ni médiation ni intérêt dans cette étrange correspondance d'amour, — et bien moins de moi que de personne au monde.

— Saladin est trop noble et trop généreux pour vouloir forcer un cheval à sauter plus haut qu'il ne peut le faire, répondit l'émir. Viens dans ma tente, et tu seras pourvu d'un déguisement qui te cachera comme les ténèbres de minuit, de sorte que tu puisses te montrer dans tout le camp des Nazaréens comme si tu avais au doigt l'anneau de Giaougi (1).

(1) Probablement l'anneau de Gygès. — Éd.

CHAPITRE XXIV.

> « Qu'il tombe en notre coupe un seul grain de poussière,
> » Et nous rejetterons bien vite avec dédain
> » La liqueur que la bouche enviait à la main.
> » Auprès d'un clou rouillé, la boussole fidèle
> » Égare et fait périr la crédule nacelle.
> » Le plus chétif objet de dépit, de courroux,
> » Rompant des souverains les liens les plus doux,
> » Fait avorter ainsi la plus noble entreprise. »
>
> <div align="right"><i>La Croisade</i>, tragédie.</div>

Nos lecteurs doivent sans doute parfaitement savoir à présent qui était l'esclave noir qui s'était rendu dans le camp de Richard, quel motif l'y avait amené, et dans quel espoir il se trouvait près de la personne de ce monarque, lorsque entouré par ses vaillans pairs d'Angleterre et de Normandie, Cœur-de-Lion, s'étant rendu sur le sommet du mont Saint-George, y restait debout auprès de la bannière d'Angleterre, portée par le plus bel homme de son royaume, son frère naturel, William surnommé Longue-Épée, comte de Salisbury, fils de Henry II et de la célèbre Rosemonde de Woodstock.

D'après quelques expressions échappées au roi pendant sa conversation avec Neville le jour précédent, le prétendu Nubien ne pouvait plus guère douter que son déguisement eût été pénétré, d'autant plus que Richard paraissait savoir de quelle manière le chien devait concourir à la découverte du traître qui avait enlevé la bannière, quoique Richard eût à peine aperçu qu'un semblable animal eût été blessé en cette occasion. Cependant, comme le roi continuait à le traiter d'une manière conforme à ce que son extérieur exigeait, ce Nubien prétendu ne put être certain s'il avait été découvert ou non, et il résolut de ne pas se dépouiller volontairement de son déguisement.

Les troupes des différens princes croisés, conduites par leurs chefs respectifs, s'avançaient en bon ordre autour de la base de la petite montagne, et, à mesure que celles d'un pays arrivaient, le chef qui marchait à leur tête faisait un pas ou deux sur la rampe de la montagne, pour adresser un salut à Richard et à l'étendard d'Angleterre en signe de courtoisie et d'amitié, comme le portait expressément le protocole de la cérémonie, et non à titre de soumission et de vasselage. Les dignitaires spirituels, qui dans ce siècle ne découvraient leur tête que devant les autels, donnaient au roi et au symbole de la puissance une bénédiction au lieu de salut.

De nombreux corps de guerriers défilèrent ainsi, et quoique différentes causes en eussent éclairci les rangs, ils formaient encore une armée de nobles à qui la conquête de la Palestine pouvait paraître une tâche facile. Les soldats, dont cette réunion ranimait la confiance, se redressaient sur leurs selles d'acier, tandis qu'il semblait que les trompettes faisaient entendre des sons plus joyeux, et que les coursiers, rafraîchis par le repos, rongeaient leur frein et frappaient la terre du pied avec plus de fierté. Les troupes se succédaient les unes aux autres, en longue perspective; toutes les bannières étaient déployées; le soleil faisait reluire les armes; les panaches étaient agités au gré du vent; c'était enfin une armée composée de diverses nations, n'ayant ni le même teint ni la même langue, ni les mêmes armes, mais enflammées d'un même esprit, pour le moment, et réunies par le saint projet de tirer de servitude la fille opprimée de Sion, et de délivrer du joug des infidèles la terre qu'avait consacrée autrefois la présence du fils de l'homme. Il faut convenir ici que si, en toute autre circonstance, l'espèce d'hommage de courtoisie que rendaient au roi tant de guerriers qui ne lui devaient naturellement aucune allégeance avait quelque chose d'humiliant, cependant la nature et la cause de cette guerre relevaient tellement son caractère chevaleresque et les faits d'armes qui lui avaient acquis son renom, que chacun oubliait les prétentions qu'il aurait pu faire valoir ailleurs; et le brave rendait volontairement hommage au plus brave, dans une expédition dont la réussite exigeait la persévérance et l'énergie du plus grand courage.

Richard, monté sur son coursier, était à peu près à mi-chemin entre la base et le sommet du mont Saint-George, n'ayant sur la tête qu'un morion surmonté d'une couronne, ce qui laissait ses traits mâles exposés à la vue. Il considérait avec calme et intérêt les divers corps qui défilaient devant lui, et rendait le salut à leurs chefs. Il portait une tunique de velours bleu de ciel, et des hauts-de-chausses de soie cramoisie, dont les taillades étaient garnies de drap d'or. A côté de lui était le prétendu esclave nubien, tenant en lesse son noble lévrier comme s'il l'eût conduit à la chasse. Cette circonstance n'excita aucune attention, car beaucoup de princes croisés avaient introduit des esclaves noirs dans leurs maisons, en imitation de la splendeur barbare des Sarrasins. Les longs plis de la bannière flottaient sur la tête du roi, qui y portait ses regards de temps en temps. Cette cérémonie, qui lui était indifférente quant à lui personnellement, semblait être pour lui d'une grande importance en la considérant comme la réparation d'une insulte faite au royaume qu'il gouvernait. Dans une tour de bois, construite tout exprès sur la hauteur, la reine Bérengère était avec les principales dames de la cour. Le roi levait aussi les yeux de ce côté, et il les fixait quelquefois sur l'esclave nubien et sur le chien, mais seulement quand il voyait avancer des chefs que diverses circonstances antérieures le portaient à regarder comme ses ennemis, et que par conséquent il soupçonnait de pouvoir être les auteurs ou les lâches complices de l'enlèvement de sa bannière.

Il ne songea pas à jeter un regard de ce côté quand Philippe-Auguste arriva à la tête d'une troupe brillante de chevaliers français. Au contraire, prévenant les mouvemens de ce prince, il descendit la montagne pendant que le roi de France la gravissait, de sorte qu'ils se rencontrèrent à mi-chemin; ils se saluèrent avec tant de grace et de courtoisie, qu'ils semblaient unis par les liens d'une égalité fraternelle. La vue des deux plus grands monarques de l'Europe chrétienne, déclarant publiquement leur concorde, fit partir de tous les rangs de l'armée des acclamations bruyantes comme le tonnerre, qui retentirent à plusieurs milles de distance, au point que les vedettes arabes du Désert allèrent jeter l'alarme dans le camp de Saladin en y portant la nouvelle que l'armée chrétienne se mettait en mouvement. Cependant qui peut lire dans les cœurs des monarques, à l'exception du roi des rois? Sous cette apparence extérieure de courtoisie amicale Richard nourrissait un secret mécontentement contre Philippe, et Philippe projetait de se retirer avec ses troupes de l'armée des croisés, pour laisser Richard sans autre assistance que celle de ses propres forces.

La conduite de Richard fut toute différente quand les chevaliers du Temple, couverts de leurs armes noires, s'approchèrent avec leurs écuyers, hommes dont le soleil de la Palestine avait basané le teint comme celui des Asiatiques, et dont les coursiers éclipsaient par leur bonté et par la splendeur de leurs harnais ceux de l'élite de la chevalerie de France et d'Angleterre. Le roi jeta un regard à la dérobée sur l'esclave et le lévrier; mais le Nubien était calme et tranquille, et son chien fidèle, couché à ses pieds, semblait regarder avec satisfaction et intelligence les guerriers qui défilaient. Richard tourna alors ses regards sur les chevaliers templiers, et le grand maître, profitant de son caractère mixte, lui donna la bénédiction d'un prêtre au lieu du salut d'un guerrier.

— L'orgueilleux amphibie se permet avec moi des airs de moine, dit Richard au comte de Salisbury; mais laissons passer cela. Longue-Épée, il ne faut pas, pour une vétille, que la chrétienté perde le service de ces bonnes lances, quoique leurs victoires leur aient donné un peu trop d'arrogance. Ah! voici notre vaillant adversaire, l'archiduc d'Autriche. Remarque son port et ses manières, Longue-Épée, et toi, Nubien, aie soin que le chien l'ait bien en vue. Par le ciel! il s'est fait accompagner par ses bouffons.

Dans le fait, soit par habitude, soit, ce qui est plus vraisemblable, pour exprimer son mépris du cérémonial auquel il allait se soumettre, Léopold était accompagné de son *Spruch-sprecher* et de son *Hoff-narr*, et, en s'avançant vers Richard, il sifflait pour se donner un air d'indifférence, quoique ses traits eussent une expression d'humeur mêlée d'une sorte de crainte, comme on voit un écolier s'approcher de son maître après avoir fait une faute. Tandis que l'archiduc faisait à contre-cœur, et d'un air sombre et décontenancé, le salut que l'étiquette exigeait, le *Spruch-sprecher* secoua sa baguette, et proclama, du ton d'un héraut, que Léopold, archiduc d'Autriche, en agissant ainsi, ne devait pas être regardé comme dérogeant au rang et aux privilèges de prince souverain. Le bouffon y répondit par un *amen*, prononcé d'une voix sonore, et qui fit éclater de rire tous ceux qui l'entendirent.

Le roi Richard regarda plus d'une fois le Nubien et son chien. L'esclave restait immobile, et l'animal conservait la même attitude. Richard, adressant la parole au premier, lui dit avec mépris : — Mon ami noir, quoique tu aies amené ton chien pour que ta sagacité s'aidât de la sienne, je crois que le succès que tu obtiendras dans cette entreprise ne te placera pas à un rang bien élevé parmi les sorciers, et ne te donnera pas un beaucoup plus grand mérite à nos yeux.

Le prétendu Nubien ne répondit, suivant son usage, que par un salut respectueux.

Les troupes du marquis de Montserrat arrivèrent ensuite en bon ordre. Ce prince puissant et astucieux, pour faire un plus grand étalage de ses forces, les avait divisées en deux corps; il avait mis son frère Enguerrand à la tête du premier, composé de ses vassaux, soldats levés dans ses domaines de Syrie, et il marchait lui-même, conduisant le second, qui consistait en douze cents Stradiotes, espèce de cavalerie légère levée par les Vénitiens dans leurs possessions en Dalmatie, et qu'ils avaient mise sous les ordres du marquis, avec lequel la république de Venise avait d'étroites liaisons. Leur costume était européen en partie, mais se ressentait encore davantage des modes orientales. Ils avaient à la vérité des hauberts, mais fort courts, des tuniques de riches étoffes de diverses couleurs, et ils portaient de larges pantalons et des demi-bottes. Ils avaient sur la tête des bonnets pyramidaux semblables à ceux des Grecs, et ils étaient armés de petits boucliers ronds, d'arcs et de flèches, de cimeterres et de poignards. Ils montaient des chevaux d'élite, entretenus aux frais de la république de Venise, et caparaçonnés à la turque, les selles et les étriers étant très-élevés. Ces troupes étaient très-utiles dans les escarmouches contre les Arabes, quoique peu propres à figurer dans une mêlée comme les hommes d'armes couverts de fer, venus du nord et de l'occident de l'Europe.

A la tête de cette belle troupe marchait Conrad, revêtu du même costume, mais d'une étoffe si riche qu'il semblait étinceler d'or et d'argent. Son panache, composé de plumes blanches comme la neige, et attaché à son bonnet par une agrafe de diamans, semblait vouloir s'élever jusqu'aux nuages. Le noble coursier qu'il montait bondissait, caracolait, et donnait des preuves d'ardeur et de vivacité qui auraient embarrassé un cavalier moins expérimenté; mais le guidant d'une main avec grace, il tenait de l'autre le bâton de commandement, qui semblait exercer une autorité non moins absolue sur les soldats. Cette autorité avait pourtant plus d'apparence que de réalité; car on voyait à côté de lui, sur un palefroi marchant paisiblement à l'amble, un petit vieillard, entièrement vêtu en noir, sans barbe et sans moustaches, dont l'air était sans importance et presque ignoble, au milieu de l'éclat et de la splendeur qui l'entouraient. Mais ce vieillard de mauvaise mine était un de ces députés que le gouvernement de Venise envoyait dans les camps pour surveiller la conduite des généraux auxquels il confiait la conduite de ses troupes, et pour maintenir ce système d'espionnage et de domination que suivait depuis long-temps la politique de cette république.

Conrad, qui, en se prêtant à l'humeur de Richard, avait acquis un certain degré de faveur près de lui, n'eut pas plus tôt paru au pied du mont Saint-George, que le roi d'Angleterre fit quelques pas à sa rencontre en s'écriant : — Ah! marquis de Montserrat, vous voilà à la tête des légers Stradiotes, et suivi à l'ordinaire de votre ombre noire, que le soleil brille ou non. Ne pourrait-on pas vous demander si c'est le corps ou l'ombre qui commande ces troupes?

Le marquis souriait avant de répondre, quand Roswall, poussant un hurlement sauvage, s'élança avec tant de fureur, qu'il arracha la lesse des mains du Nubien, sauta sur le noble coursier du marquis, et, saisissant Conrad à la gorge, le renversa de cheval. Son bonnet à panache tomba sur le sable, et le cheval épouvanté s'enfuit à travers les rangs.

— Ton chien a trouvé la piste, dit Richard au Nubien; il ne s'est pas trompé, j'en réponds. Par saint George! il a lancé un cerf dix cors. Mais rappelle-le, de peur qu'il ne l'étrangle.

Le Nubien, non sans difficulté, arracha Conrad à la fureur de Roswall, qui, toujours courroucé, faisait des efforts pour briser sa lesse et s'élancer de nouveau sur sa proie. Cependant une foule considérable s'était amassée au pied du mont Saint-George; elle se composait principalement des officiers des Stradiotes et d'autres partisans du marquis, qui, en voyant leur chef renversé, les yeux égarés et le visage tourné vers le ciel, poussèrent des cris tumultueux qu'on entendit répéter de toutes parts : — Taillez en pièces cet esclave et son chien!

Mais la voix sonore de Richard se faisait entendre au-dessus de toutes les autres.

— Mort à quiconque osera toucher ce chien, s'écriat-il; il n'a fait que son devoir en se servant de la sagacité dont Dieu et la nature l'ont doué. — Que ce traître s'avance! Conrad, marquis de Montserrat, je t'accuse de trahison.

Les principaux officiers syriens entouraient alors Conrad, qui s'écria d'une voix qui annonçait un mélange de dépit, de honte, de confusion et de colère : — Que veut dire ceci? de quoi m'accuse-t-on? Pourquoi cet indigne traitement et ces termes injurieux? Sont-ce là les fruits de la concorde dont le roi d'Angleterre a renouvelé le vœu si récemment?

— Les princes croisés sont-ils devenus des lièvres ou des chevreuils aux yeux du roi Richard, pour qu'il lâche des chiens contre eux? demanda la voix sépulcrale du grand-maître des Templiers.

— Il faut que ce soit quelque accident imprévu, quelque fatale méprise, dit le roi de France, qui arrivait à l'instant.

— Quelque piège de l'ennemi des hommes, dit l'archevêque de Tyr.

— Quelque stratagème des Sarrasins, ajouta le comte de Champagne. Il faudrait pendre le chien et mettre l'esclave à la torture.

— Que personne ne les touche s'il tient à la vie! s'écria Richard. Conrad, avance, si tu l'oses, et réponds à l'accusation que le noble instinct de cet animal muet vient de porter contre toi d'avoir attenté à sa vie et insulté l'honneur de l'Angleterre.

— Ce n'est pas moi qui ai touché sa bannière, dit le marquis avec précipitation.

— Tu te trahis toi-même, Conrad, s'écria Richard; comment saurais-tu qu'il est question de l'enlèvement de la bannière si ta conscience ne t'en avertissait?

— N'est-ce pas pour cette seule cause que tu as fait tant de bruit dans tout le camp? répondit le marquis. Oses-tu imputer à un prince, à un allié, un crime qui, après tout, a probablement été commis par quelque obscur fripon pour s'emparer du galon d'or qui ornait l'étendard? Voudrais-tu accuser un de tes confédérés sur le témoignage d'un chien?

L'alarme et le tumulte commençaient à se répandre dans tous les rangs, et le roi Philippe crut qu'il était temps d'intervenir.

— Princes et nobles chefs, dit-il, vous parlez en présence de gens qui se couperont la gorge dans un instant s'ils vous entendent vous exprimer ainsi. Au nom du ciel! que chacun de nous conduise ses troupes dans ses quartiers respectifs; et réunissons-nous dans une heure dans le pavillon du conseil, afin de prendre des mesures pour rétablir l'ordre.

— J'y consens, répondit Richard, quoique j'eusse préféré interroger ce traître pendant que son brillant costume est encore souillé de sable. Mais le bon plaisir de Philippe sera aussi le nôtre en cette occasion.

Les princes se séparèrent aussitôt, comme le roi de France venait de le proposer; chacun d'eux alla se placer à la tête de ses troupes, et l'on entendit retentir de toutes parts le cri de guerre de chaque chef et le son des cors et des trompettes, qui rappelaient les soldats sous leurs bannières respectives. Bientôt tous les corps se mirent en mouvement, et on les vit traverser le camp en différentes directions pour se rendre chacun dans son quartier.

Cette mesure prévint tout acte immédiat de violence, mais l'incident qui venait d'arriver occupait tous les esprits : tandis que les Anglais, croyant l'honneur de leur pays intéressé à cette querelle, dont il courait plusieurs versions, regardaient les habitans des autres pays comme bassement jaloux de la gloire de l'Angleterre et de la renommée de leur roi, ceux-ci, qui le matin même avaient proclamé Richard comme le guerrier le plus digne d'avoir le commandement général de toute l'armée, reprenaient leurs anciens préjugés, et l'accusaient d'un esprit d'orgueil et de domination. Des bruits de toute espèce se répandirent en cette occasion; on assura même que la reine Bérengère et les dames de sa suite avaient été effrayées par le tumulte qui avait eu lieu, et qu'une de celles-ci s'était évanouie.

Le conseil s'assembla à l'heure convenue. Conrad avait quitté son costume souillé, et s'était dépouillé en même temps de la honte et de la confusion dont un accident si étrange et une accusation si soudaine l'avaient accablé d'abord, en dépit de ses talens pour la dissimulation et de la promptitude avec laquelle il savait maîtriser toutes ses passions. Il avait pris les vêtemens de prince souverain, et il entra dans le pavillon du conseil accompagné de l'archiduc, des deux grands-maîtres de l'ordre du Temple et de celui de Saint-Jean de Jérusalem, avec plusieurs autres princes qui soutenaient ouvertement sa cause et embrassaient sa défense, les uns par des motifs politiques, les autres parce qu'ils nourrissaient une haine personnelle contre Richard.

Cette apparence d'union en faveur de Conrad ne déconcerta nullement le roi d'Angleterre. Il entra dans la salle du conseil avec son air d'indifférence ordinaire, et avec le même costume qu'il portait une heure auparavant; il jeta un regard nonchalant et presque dédaigneux sur les princes qui s'étaient rangés avec une affectation étudiée autour du marquis comme pour annoncer qu'ils en épousaient la cause, et accusa dans les termes les plus formels Conrad de Montserrat d'avoir enlevé la bannière royale d'Angleterre, et d'avoir blessé le fidèle animal qui en avait pris la défense.

Conrad se leva avec hardiesse, et répondit qu'en dépit des hommes et des brutes, des rois et des chiens, il était innocent du crime dont on l'accusait.

— Mon frère d'Angleterre, dit le roi Philippe, qui prit naturellement le caractère de président de l'assemblée, cette accusation est extraordinaire. Nous ne vous entendons pas déclarer que le fait dont il s'agit soit à votre connaissance personnelle; votre croyance n'est fondée que sur l'attaque dirigée contre le marquis de Montserrat par un vil animal. Bien certainement la parole d'un chevalier, d'un prince, doit avoir plus de poids que les aboiemens d'un chien.

— Roi mon frère, répondit Richard, souvenez-vous que le Tout-Puissant, en nous donnant le chien pour compagnon de nos plaisirs et de nos fatigues, l'a doué d'un naturel noble, et incapable de tromper. Cet animal n'oublie ni son ami ni son ennemi. Il se souvient avec exactitude du bienfait comme de l'injure. Il a une portion de l'intelligence de l'homme; mais il n'a rien de sa fausseté. On corrompra un soldat pour en faire un assassin, un faux témoin pour conduire un innocent à l'échafaud; mais jamais on n'obtiendra d'un chien qu'il attaque son bienfaiteur. Il est l'ami de l'homme, si ce n'est quand l'homme encourt justement son inimitié. Couvrez ce marquis des vêtemens les plus splendides, déguisez son extérieur, changez son teint par le moyen de drogues et de teintures, cachez-le au milieu de cent hommes, et je gage mon sceptre que ce chien le découvrira, et lui montrera son ressentiment comme vous l'avez déjà vu le faire aujourd'hui. Cet incident n'est pas nouveau, quoiqu'il soit étrange; des meurtriers et des brigands ont été convaincus et condamnés sur de semblables témoignages, et l'on a dit qu'on y reconnaissait le doigt de Dieu. Dans votre propre pays, mon frère, une affaire semblable a été décidée par un combat solennel entre l'homme et le chien, comme appelant et défendant. Le chien fut victorieux, l'homme confessa son crime, et il fut puni de mort. Croyez-moi, mon frère, les forfaits secrets ont souvent été mis au jour par le témoignage de choses inanimées, pour ne point parler de celui des autres animaux qui, par leur instinct et leur sagacité, sont bien au-dessous du chien, ami et compagnon de notre race.

— Je sais, mon frère, répondit Philippe, qu'un combat semblable a eu lieu sous le règne d'un de nos prédécesseurs, à qui Dieu fasse grace; mais c'était dans un temps déjà éloigné de nous, et nous ne regardons pas cet exemple comme applicable au cas dont il s'agit. D'ailleurs le défendant n'était alors qu'un particulier d'un rang et d'une naissance obscure; il n'avait pour armes offensives qu'un bâton, pour armure qu'un justaucorps de cuir. Nous ne pouvons dégrader un prince par un pareil combat et de semblables armes.

— C'est ce que je n'ai jamais demandé, dit Richard; il serait injuste de hasarder la vie de ce noble chien contre celle d'un traître à double face, tel que ce Conrad. Mais voici notre gant; nous le défions au combat à outrance en vertu du témoignage porté contre lui. Un roi du moins peut être digne de se mesurer avec un marquis.

Conrad ne s'empressa pas de ramasser le gant que Richard jeta au milieu de l'assemblée, et Philippe eut le temps de répliquer avant que le marquis eût fait un mouvement pour relever le gage du combat.

— Un roi, dit-il, serait un adversaire aussi au-dessus

du marquis qu'un chien lui serait inférieur. Roi Richard, nous ne pouvons consentir à ce combat; vous êtes le chef de notre expédition, le glaive et le bouclier de la chrétienté.

— Je proteste contre un tel combat, dit le provéditeur vénitien, jusqu'à ce que le roi Richard ait remboursé les cinquante mille besans qu'il doit à la république. C'est bien assez que nous soyons en danger de perdre cette somme s'il vient à succomber sous les coups des infidèles, sans que nous courions encore le risque de le voir perdre la vie dans une querelle contre un chrétien pour un chien et une bannière.

— Et moi, dit William Longue-Épée, comte de Salisbury, je proteste à mon tour contre un combat qui mettrait en danger, pour une pareille cause, une vie qui appartient au peuple anglais. Voici votre gant, mon noble frère; reprenez-le, et supposez que le vent vous l'ait fait tomber des mains. Le mien le remplacera; le fils d'un roi, quoique son écu porte la barre de bâtardise, est au moins l'égal de ce marmouset de marquis.

— Princes et nobles chefs, dit Conrad, je n'accepterai point le défi du roi Richard. Nous l'avons choisi pour chef contre les Sarrasins; et si sa conscience peut répondre à l'accusation d'appeler un allié en champ clos pour une querelle si frivole, la mienne du moins ne peut endurer le reproche d'accepter ce cartel. Mais quant à son frère bâtard William de Woodstock, ou à tout autre qui osera soutenir la vérité de cette fausse accusation et s'en déclarer le champion, je défendrai mon honneur contre lui dans la lice, et je prouverai que quiconque m'attaque est un calomniateur.

— Le marquis de Montserrat, dit l'archevêque de

Tyr, a parlé en homme sage et modéré ; et il me semble que, sans déshonneur pour aucune des deux parties, cette affaire peut en rester là.

— Je crois qu'elle pourrait se terminer ainsi, dit Philippe, si le roi Richard veut se dédire de son accusation, comme étant appuyée sur de trop légers indices.

— Roi de France, répondit Cœur-de-Lion, mes paroles ne feront jamais une telle injure à mes pensées. J'ai accusé ce Conrad d'avoir profité, comme un brigand, de l'ombre de la nuit pour attaquer et ravir l'emblème de la dignité de l'Angleterre. Je répète cette accusation, que je crois fondée sur la vérité ; et, puisque Conrad refuse le combat contre moi, je trouverai un champion pour soutenir ma querelle, le jour qui sera fixé pour la vider ; car ta longue épée, William, ne doit pas voir le jour pour cette cause, sans notre permission péciale.

— Puisque mon rang me rend arbitre dans cette malheureuse affaire, dit le roi Philippe, je fixe le cinquième jour, à compter de celui-ci, pour la décider par la voie du combat, suivant les usages de la chevalerie ; Richard, roi d'Angleterre, devant paraître comme appelant, par son champion, et Conrad, marquis de Montserrat, en sa propre personne, comme défendant. J'avoue pourtant que je ne sais où trouver un terrain neutre pour vider cette querelle ; car le combat ne doit pas avoir lieu dans le voisinage du camp, où les soldats pourraient vouloir prendre parti pour chacun des combattans.

— Eh bien ! dit Richard, on peut en appeler à la générosité du brave Saladin. Tout païen qu'il est, je n'ai jamais connu chevalier doué de plus de noblesse, et à la bonne foi duquel on puisse se fier plus sûrement. Je parle ainsi pour ceux qui voient des difficultés dans cette affaire; car, pour moi, je trouve un champ clos partout où je rencontre mon ennemi.

— Soit! répondit Philippe, nous ferons connaître cette affaire au soudan, quoique ce soit montrer à un ennemi le malheureux esprit de discorde que nous voudrions nous cacher à nous-mêmes, s'il était possible. En attendant, je lève la séance, et je vous recommande à tous, comme chrétiens et comme chevaliers, de ne pas souffrir que cette fâcheuse querelle fasse plus de bruit dans le camp, mais de la regarder comme solennellement remise au jugement de Dieu, et de le supplier d'accorder la victoire à celui qui combattra pour la vérité. Que sa volonté soit faite!

— *Amen! amen!* s'écria-t-on de toutes parts.

— Conrad, dit à voix basse le grand-maître des Templiers au marquis pendant que les princes se retiraient, n'ajouteras-tu pas à ce mot une prière pour être délivré du pouvoir du chien, comme le dit le Psalmiste?

— Tais-toi, répondit Conrad; il y a dans l'air un démon révélateur qui pourrait rapporter, entre autres choses, jusqu'à quel point tu portes l'esprit de la devise de ton ordre, *Feriatur leo*.

— Tu soutiendras bravement le choc?

— N'en doute pas. Je n'aurais pas été très-charmé de rencontrer le bras de fer de Richard, et je ne rougis pas d'avouer que je ne suis pas fâché d'être dispensé de le combattre; mais parmi tous ceux qui sont sous ses ordres, en y comprenant son bâtard de frère, il n'existe personne que je craigne.

— Je vois ta confiance avec plaisir; et, dans ce cas, les dents d'un chien ont plus fait pour dissoudre cette ligue de princes que toutes tes ruses et le poignard du Charegite. Ne vois-tu pas que, malgré son front couvert d'un nuage affecté, Philippe ne peut cacher la satisfaction que lui fait éprouver la perspective d'être délivré du joug pesant de cette alliance? Regarde Henry de Champagne; un sourire effleure ses lèvres. Et l'archiduc d'Autriche! il étouffe de joie, en songeant que sa querelle va être vengée sans qu'il coure aucun risque, sans qu'il se donne aucune peine; mais chut! il vient à nous. — C'est une chose fâcheuse, noble archiduc, qu'une pareille brèche faite aux murs de notre Sion.

— Si vous parlez de cette croisade, répondit l'archiduc, je voudrais que ce mur tombât en débris, et que nous fussions tous chacun chez nous. Je vous parle ainsi de confiance.

— Mais, dit le marquis de Montserrat, pensez que cette brèche a été pratiquée par les mains du roi Richard, pour le bon plaisir duquel nous avons enduré tant de choses, auquel nous nous sommes soumis comme des esclaves à un maître, dans l'espoir qu'il exercerait sa valeur contre nos ennemis au lieu de l'employer contre nos amis.

— Je ne vois pas qu'il ait plus de valeur qu'un autre, répondit l'archiduc; je crois que, si le noble marquis l'eût combattu en champ clos, toutes les chances eussent été pour lui; car, quoique ce monarque insulaire ait le bras pesant quand il fait tomber sa masse d'armes, il n'est pas aussi fort dans le maniement de la lance. Je n'aurais nullement craint moi-même de lui faire face en champ clos, lors de notre dernière querelle, si le bien de la chrétienté eût permis le combat entre deux princes souverains. Si vous le désirez, noble marquis, je serai votre parrain dans la lice.

— Et moi aussi, dit le grand-maître.

— Venez donc prendre votre repas de midi sous ma tente, nobles seigneurs, dit l'archiduc; nous parlerons de cette affaire en buvant le vrai *nierenstein*.

Et en conséquence ils se retirèrent tous trois ensemble.

— Que disait notre patron à ces deux grands personnages? demanda Jonas Schwanker à son compagnon, le *Spruch-sprecher*, qui avait pris la liberté de s'avancer près de son maître pendant la conversation que nous venons de rapporter, tandis que le bouffon était resté à une distance plus respectueuse.

— Serviteur de la folie, répondit le *Spruch-sprecher*, modère ta curiosité; il ne convient pas que je t'apprenne les secrets de notre maître.

— Tu te trompes, homme de la sagesse, répondit le *Hoff-narr*; nous marchons tous deux constamment à la suite de notre patron, et il nous importe également de savoir lequel de nous, sagesse ou folie, a le plus d'influence sur lui.

— Il a dit au marquis et au grand-maître, dit le *Spruch-sprecher*, qu'il était las de cette guerre, et qu'il serait charmé de se retrouver chez lui sain et sauf.

— C'est un refait, et cela ne peut compter dans la partie, s'écria le bouffon; car si c'était sagesse de le penser, c'était folie de le dire. Continue.

— Hem! Il leur dit ensuite que Richard n'était pas plus brave qu'un autre, et qu'il n'était pas très-habile à manier la lance.

— Par ma marotte, c'est folie insigne ! Et ensuite ?

— Ma mémoire n'est pas très-fidèle ; mais je sais qu'il les a invités à boire un verre de *nierenstein*.

— Il y a là une apparence de sagesse, et tu peux le porter à ton compte quant à présent. Mais s'il boit trop, comme cela est très-probable, je le marquerai au mien. Y a-t-il encore autre chose ?

— Rien qui mérite d'être rapporté. Ah ! il a dit qu'il regrettait de ne pas avoir saisi l'occasion de combattre Richard en champ clos.

— Fi donc ! fi donc ! s'écria Jonas Schwanker ; c'est le radotage de la folie ; et je suis presque honteux de gagner la partie par un tel moyen. Quoi qu'il en soit, suivons-le, tout fou qu'il est, sage *Spruch-sprecher*, afin d'avoir notre part du bon vin de *nierenstein*.

CHAPITRE XXV.

» Tu te plains de mon inconstance ;
» Toi-même tu l'approuveras,
» Sur moi l'amour aurait moins d'influence
» Si l'honneur n'en triomphait pas. »

Vers de Montrose.

Lorsque Richard fut de retour dans sa tente, il ordonna qu'on fît venir le Nubien devant lui. Celui-ci entra en saluant le roi avec son cérémonial d'usage, et, après s'être prosterné, il resta debout devant le monarque, dans l'attitude d'un esclave qui attend les ordres de son maître : il fut peut-être heureux pour lui d'être obligé, pour bien jouer son rôle, d'avoir les yeux humblement baissés ; car s'il eût rencontré le regard perçant que Richard fixa sur lui quelque temps en silence, il lui aurait été difficile de bien soutenir son caractère emprunté.

— Tu es un bon chasseur, lui dit enfin Richard; tu as débusqué ton gibier, et tu l'as mis aux abois aussi bien que si Tristan lui-même t'eût donné des leçons. Mais ce n'est pas tout; il faut en faire curée. Je n'aurais pas été fâché moi-même de lever ma lance en cette occasion; il paraît que certaines convenances s'y opposent. Tu vas retourner au camp du soudan, porteur d'une lettre pour requérir de sa courtoisie de désigner un terrain, afin d'y établir le champ clos, et de se joindre à nous pour en être spectateur, si tel est son bon plaisir. Maintenant, parlant seulement par conjecture, nous pensons que tu pourrais trouver dans son camp quelque cavalier qui, par amour pour la vérité, et pour acquérir une nouvelle gloire, se chargerait de combattre ce traître de Montserrat.

Le Nubien leva les yeux, et les fixa sur le roi avec un air d'empressement et d'ardeur; il les tourna ensuite vers le ciel avec une reconnaissance si solennelle, que Richard y vit briller une larme; baissant alors la tête, comme pour annoncer qu'il ferait ce que le roi désirait, il reprit son attitude habituelle de soumission attentive.

— C'est bien, dit le roi; je vois que tu désires me servir en cette affaire; je dois dire que voilà en quoi consiste l'excellence d'un serviteur tel que toi, qui ne peut prendre la parole ni pour discuter nos ordres, ni pour nous demander l'explication de nos projets. Un de mes serviteurs anglais, à ta place, m'aurait ennuyé à force de me conseiller de charger de ce combat quelque bonne lance de ma maison; car, depuis mon frère

Longue-Épée jusqu'au dernier d'entre eux, ils brûlent tous de se battre pour ma cause. Un Français babillard s'y serait pris de mille manières pour tâcher de découvrir pourquoi je cherche un champion dans le camp des infidèles. Mais toi, agent silencieux de ton roi, tu peux exécuter mes ordres sans me faire de questions, et même sans les comprendre, parce qu'avec toi *entendre c'est obéir* (1).

L'esclave ne répondit à ces observations qu'en inclinant la tête avec respect, et en fléchissant de nouveau le genou.

— Maintenant parlons d'autre chose, dit le roi tout à coup en s'exprimant avec plus de vivacité. As-tu vu Edith Plantagenet?

Le muet leva la tête comme pour parler, ses lèvres firent même le mouvement qui aurait été nécessaire pour prononcer une négation; mais elles ne firent entendre que ce murmure indistinct, propre aux infortunés privés de la faculté de la parole.

— Voyez! s'écria le roi, le nom seul d'une princesse du sang royal, et d'une beauté aussi distinguée que notre aimable cousine, semble avoir eu presque assez de pouvoir pour rendre la parole à un muet! Quels miracles ne pourraient donc pas faire ses yeux! J'en ferai l'épreuve, ami esclave; tu verras cette beauté d'élite dans notre cour, et tu rempliras la mission que t'a donnée le noble soudan.

Encore un regard joyeux, encore une génuflexion;

(1) Ces mots sont une espèce de formule que l'esclave d'Orient répond à son maître, pour lui dire qu'il va être servi selon son désir. — Éd.

mais, quand le Nubien se releva, le roi lui appuya fortement la main sur l'épaule, et lui dit avec un ton de gravité sévère : — Que je t'avertisse pourtant d'une chose, mon noir messager. Quand même celle que tu vas voir parviendrait, par une influence mystérieuse, à dénouer cette langue actuellement emprisonnée entre les murs d'ivoire de ton palais, comme le dit le brave soudan, prends bien garde de ne pas perdre ton caractère de taciturnité, prends garde de ne pas prononcer un seul mot en sa présence; car je te garantis que je te ferais arracher la langue, et que je ne laisserais pas pierre sur pierre de ton palais d'ivoire, ce qui veut dire, je crois, en langue franque, que je te ferais tirer toutes les dents l'une après l'autre. Sois donc prudent et silencieux.

Richard retira la main qu'il appuyait sur l'épaule du Nubien, et celui-ci, faisant une profonde inclination de tête, porta la main à ses lèvres en signe d'obéissance et de silence.

Le roi lui mit une seconde fois la main sur l'épaule, mais sans appuyer si fortement, et ajouta : — Nous te parlons, ami, comme à un esclave. Si tu étais un gentilhomme ou un chevalier, nous ne te demanderions que ta parole d'honneur de garder le silence; condition de la permission que nous t'accordons.

Le Nubien se redressa avec un air de fierté, regarda le roi en face, et plaça sa main droite sur son cœur.

Richard appela alors son chambellan.

— Neville, dit-il, conduis cet esclave à la tente de notre épouse, à qui tu diras que notre bon plaisir est qu'il obtienne une audience, une audience particulière de notre cousine Edith; il a une mission à remplir auprès d'elle. Tu lui montreras le chemin, si toutefois il en a besoin; car tu as dû remarquer comme il connaît déjà merveilleusement toute la disposition de notre camp. Et toi, notre ami noir, fais promptement ce que tu as à faire, et sois de retour ici dans une demi-heure.

— Je suis découvert, pensa le prétendu Nubien, qui, les bras croisés et les yeux baissés, suivait Neville dans sa marche rapide vers le pavillon de la reine Bérengère. — Le roi Richard a incontestablement pénétré mon déguisement; et cependant son ressentiment contre moi ne paraît pas bien vif. Si j'ai bien compris ses paroles, et il est impossible de s'y méprendre, il m'offre une noble chance de réparer mon honneur en combattant ce perfide marquis. J'ai vu la preuve de son crime dans ses regards consternés et sur ses lèvres tremblantes quand Richard l'accusa. Roswall, tu as fidèlement servi ton maître, et celui qui a voulu te donner la mort me le paiera cher. — Mais que signifie la permission que Richard vient de m'accorder de voir celle que j'avais désespéré de jamais revoir? Pourquoi et comment Richard Plantagenet consent-il que je me présente devant sa divine parente, soit comme messager du païen Saladin, soit comme le coupable qu'il a si récemment banni de son camp, et dont l'aveu audacieux qu'il a fait d'un amour dont il est fier augmente encore le crime? Que Richard consente qu'elle reçoive une lettre d'un amant musulman, et qu'elle la reçoive par les mains d'un autre amant d'un rang si disproportionné, sont deux circonstances également incroyables, et qui ne peuvent se concilier. Mais Richard, quand il n'est pas agité par ses passions tumultueuses, est libéral, généreux, véritablement noble, et j'agirai envers lui en conséquence; je suivrai ses instructions sans chercher à connaître ses motifs, si ce n'est à mesure que le temps les développera de lui-même. Je dois obéissance entière à celui qui me fournit une si belle occasion de reconquérir mon honneur perdu; et, quoi qu'il puisse m'en coûter, je m'acquitterai de cette dette. — Et cependant, dit-il encore dans la fierté de son cœur, Cœur-de-Lion, comme on l'appelle, aurait pu mesurer les sentimens des autres sur les siens. Moi, demander à me présenter devant sa parente, quand je ne lui adressai pas un seul mot lorsqu'elle me remit le prix d'un tournoi; quand je n'étais pas le moins riche en exploits de chevalerie parmi les défenseurs de la croix! Moi, chercher à approcher d'elle sous un vil déguisement, sous la livrée de la servitude, quand je ne suis de fait qu'un misérable esclave, quand ce qui était jadis mon bouclier est terni par une tache! Moi, agir ainsi! Il me connaît bien peu! Je le remercie pourtant de m'avoir fourni une occasion qui peut faire que nous nous connaissions tous mieux.

Il en était à cette conclusion lorsque Neville et lui s'arrêtèrent devant le pavillon de la reine.

Les gardes les laissèrent entrer sans difficulté; et Neville, laissant le Nubien dans une petite antichambre que celui-ci ne reconnut que trop, passa dans l'appartement qui servait de salle d'audience. Il fit part à Bérengère des ordres du roi, d'un ton bas et respectueux, bien différent de la brusquerie de Thomas de Vaux, pour qui Richard était tout, et le reste de la cour, en y comprenant la reine elle-même, n'était rien. Un grand éclat de rire suivit l'explication de son message.

— Et à quoi ressemble cet esclave de Nubie qui arrive comme ambassadeur du soudan? demanda une voix de femme qu'il était facile de reconnaître pour celle de Bérengère. N'est-ce pas un nègre, Neville, avec la peau noire, les cheveux crépus comme la laine d'un bélier, le nez plat et des grosses lèvres? Ha! ha! ha! N'est-ce pas cela, sir Neville?

— Que Votre Majesté n'oublie pas, dit une autre voix, ses jambes arquées comme le tranchant d'un cimeterre sarrasin.

— Ou plutôt comme l'arc de Cupidon, dit la reine, puisqu'il vient chargé d'un message amoureux. Mon bon Neville, vous êtes toujours disposé à la complaisance pour de pauvres femmes qui ne savent que faire de leur temps; il faut que nous voyions ce messager d'amour. J'ai vu beaucoup de Turcs et de Maures, mais jamais je n'ai vu un nègre.

— Je suis fait pour obéir aux ordres de Votre Majesté, répondit le chevalier débonnaire, pourvu qu'elle se charge de m'excuser auprès du roi. Cependant permettez-moi de vous assurer que ce que vous verrez ne répondra nullement à votre attente.

— Tant mieux, dit Bérengère; plus laid que notre imagination ne peut se le figurer, et cependant choisi par le galant soudan pour son courrier amoureux!

— Madame, dit lady Caliste, permettez-moi de supplier Votre Majesté de souffrir que ce bon chevalier conduise directement ce messager à lady Edith, à qui ses lettres de créance sont adressées; songez que nous venons tout récemment d'échapper aux suites d'une semblable plaisanterie.

— D'échapper, dis-tu! répéta la reine avec dédain;

cependant ton avis peut être prudent, Caliste. Que ce Nubien, comme on l'appelle, s'acquitte d'abord de sa mission pour notre cousine Edith. D'ailleurs, ne dites-vous pas qu'il est muet, Neville.

— Oui, madame, répondit le chevalier.

— Ces dames de l'Orient sont bien heureuses! dit Bérengère; elles sont servies par des gens devant lesquels elles peuvent tout dire, et qui n'en peuvent rien répéter; au lieu que, dans notre camp, comme a coutume de le dire le prélat de Saint-Jude, un oiseau qui traverse l'air rapporte tout ce qui s'est dit.

— C'est que Votre Majesté oublie qu'elle parle entre des murs de toile, dit Neville.

Cette observation fit qu'on baissa la voix, et, après quelques instants de conversation d'un ton plus bas, le chevalier anglais alla rejoindre l'esclave noir, et lui fit signe de le suivre; le Nubien obéit, et Neville le conduisit dans un petit pavillon contigu à celui de la reine, et destiné à lady Edith et aux femmes à son service. Une des esclaves cophtes reçut le message que lui communiqua sir Henry Neville; au bout de trois minutes, le Nubien fut introduit en présence d'Edith, et Neville resta hors de la tente.

L'esclave qui avait amené le Nubien se retira à un signe que lui fit sa maîtresse, et ce fut avec tous les signes d'une humiliation sincère que le malheureux chevalier, si étrangement déguisé, fléchit un genou en terre, les yeux baissés, les bras croisés sur sa poitrine, comme un criminel qui attend sa sentence. Edith était vêtue de la même manière que lorsqu'elle avait reçu le roi Richard, son grand voile noir transparent tombant sur ses formes élégantes comme l'ombre d'une nuit d'été. Elle tenait en main une lampe d'argent, nourrie par une huile aromatique, et qui répandait une clarté extraordinaire.

Lorsqu'elle se fut approchée à un pas de l'esclave agenouillé et immobile, elle lui approcha la lumière du visage, comme pour mieux examiner ses traits; se détournant ensuite, elle plaça sa lampe de manière à ce que l'ombre de la figure du Nubien se dessinât sur la toile de la tente. Alors elle lui adressa la parole d'une voix douce et tranquille, mais profondément mélancolique.

— Est-ce donc vous? est-ce bien vous, brave chevalier du Léopard, vaillant sir Kenneth d'Écosse? est-ce véritablement vous, sous ce déguisement servile, entouré de mille dangers?

En entendant le son de la voix de sa dame, qui lui parlait d'une manière si inattendue, et d'un ton de compassion qui approchait presque de la tendresse, les lèvres du chevalier s'entr'ouvrirent pour lui répondre; et à peine les ordres de Richard et la promesse qu'il lui avait faite de garder le silence purent-ils l'empêcher de s'écrier que ce qu'il venait d'entendre suffisait pour payer l'esclavage de toute sa vie, et pour l'indemniser des dangers dont chaque instant pouvait menacer cette vie. Cependant il fut maître de lui-même, et un profond soupir fut la seule réponse qu'il fit à la question d'Edith.

— Je vois et je savais que je ne m'étais pas trompée, dit Edith. Je vous ai remarqué dès l'instant que vous avez paru près de la plate-forme sur laquelle j'étais avec la reine. J'ai reconnu aussi votre beau lévrier. Elle ne serait pas digne des services d'un chevalier tel que vous, la dame à qui un changement de costume et de couleurs pourrait cacher un fidèle serviteur. Parlez donc sans crainte à Edith Plantagenet. Elle sait comment honorer dans l'adversité un bon chevalier qui l'a servie et honorée, après avoir fait des exploits en son nom, quand il était favorisé de la fortune. Quoi ! encore silencieux ! Est-ce la crainte ou la honte qui t'empêche de parler ? La crainte ! tu ne devrais pas la connaître ; la honte ! laisse-la à ceux qui ont causé ton malheur.

Le chevalier, désespéré d'être obligé de jouer un rôle muet dans une entrevue si intéressante, ne put exprimer sa mortification que par de nouveaux soupirs, et en plaçant un doigt sur ses lèvres. Edith fit quelques pas en arrière avec une sorte de mécontentement.

— Quoi ! dit-elle, Asiatique par le costume, et muet par le fait ! C'est à quoi je ne m'attendais pas. Mais peut-être me méprises-tu parce que j'avoue si hardiment que j'ai fait attention aux hommages que tu m'as rendus ? Ne conçois pas pour cela une idée défavorable d'Edith : elle connaît les bornes que la réserve et la modestie prescrivent à une jeune fille de haute naissance, et elle sait quand et jusqu'à quel point la reconnaissance lui permet d'en sortir, et d'avouer son désir sincère de pouvoir réparer les injustices auxquelles a été exposé pour elle un bon chevalier. Pourquoi joindre ainsi les mains et te tordre les bras avec cet air de désespoir ? Serait-il possible, ajouta-t-elle en frémissant de cette idée, que leur cruauté t'eût privé de l'organe de la parole ?— Tu secoues la tête ! Eh bien ! que ce soit un charme, que ce soit une obstination, je ne te fais plus de questions. Acquitte-toi de ta mission comme tu l'entendras. Je puis aussi être muette.

Le chevalier déguisé fit un geste qui semblait déplorer sa situation, et conjurer le déplaisir de sa dame, après quoi il présenta la lettre du soudan, enveloppée dans l'or et la soie, suivant l'usage. Elle la prit, y jeta les yeux négligemment, la mit de côté, et levant les yeux encore une fois sur le chevalier, elle lui dit à voix basse : — Quoi ! pas même un mot pour t'acquitter de ton message ?

Il pressa ses deux mains sur son front, comme pour exprimer la douleur qu'il éprouvait en se trouvant hors d'état de lui obéir ; mais elle se détourna avec un air de colère.

— Retire-toi, dit-elle ; j'ai assez parlé, j'ai trop parlé à un homme qui ne daigne pas perdre une parole pour me répondre. Pars, et tu peux dire que si je t'ai nui j'en ai fait pénitence, car, si j'ai été la malheureuse cause qui t'a fait quitter un poste d'honneur, j'ai oublié ma dignité dans cette entrevue, et je me suis dégradée à tes yeux et aux miens.

Elle appuya une main sur ses yeux, et parut vivement agitée. Sir Kenneth fit un mouvement pour approcher d'elle ; mais elle fit un geste pour lui défendre d'avancer.

— N'approche pas de moi, dit-elle ensuite, toi dont le ciel a adapté l'ame à sa nouvelle condition. Un être moins craintif et moins abruti qu'un esclave des Sarrasins m'aurait du moins adressé un mot de reconnaissance, quand ce n'eût été que pour me rendre plus supportable le sentiment de ma dégradation. Qu'attends-tu ? Retire-toi.

Le chevalier déguisé jeta un regard presque involontaire sur la lettre, comme pour s'excuser de rester encore. Edith la prit en disant avec un ton d'ironie et de mépris : — J'avais oublié. L'esclave soumis attend une réponse à son message. Que veut dire cette lettre? Elle est du soudan?

Elle en parcourut rapidement le contenu, qui était écrit en arabe et en français, et après l'avoir lue elle dit avec un sourire aussi plein d'amertume que de courroux :

— Cela passe l'imagination! quel jongleur pourrait opérer une transmutation si adroitement? Il peut changer les sequins et les besans en doits et en maravédis (1); mais tout son art peut-il faire qu'un chevalier qui a toujours été compté parmi les plus braves de la sainte croisade devienne l'esclave baisant la poussière d'un soudan païen? le porteur de ses insolentes propositions à une fille chrétienne? un renégat aux lois de l'honneur, de la chevalerie et de la religion? Mais à quoi bon parler à l'esclave volontaire d'un chien de païen? Dis à ton maître, quand ses verges t'auront trouvé une langue, ce que tu vas me voir faire. A ces mots elle jeta par terre la lettre du soudan, et la foula aux pieds. Dis-lui, ajouta-t-elle, qu'Edith Plantagenet méprise l'hommage d'un soudan païen.

Ayant ainsi parlé, elle fit un mouvement pour se retirer, et le chevalier, se prosternant à ses pieds avec tous les signes du désespoir, se hasarda à porter la main sur le pan de sa robe pour la retenir.

—N'as-tu pas entendu ce que j'ai dit, esclave? s'écrit-elle en se retournant vers lui, et en parlant avec em-

(1) Monnaie hollandaise et espagnole. — Éd.

phase; dis au païen ton maître que je méprise ses offres autant que les marques de respect d'un indigne apostat à la religion et à la chevalerie, à Dieu et à sa dame.

A ces mots, elle lui arracha sa robe des mains, et sortit du pavillon.

La voix de Neville, se faisant entendre de dehors, appela le Nubien en même temps. Accablé et épuisé par tout ce qu'il avait souffert pendant cette entrevue, qui l'avait mis dans un embarras dont il n'aurait pu se tirer qu'en manquant à sa parole donnée au roi Richard, le malheureux chevalier suivit presque en chancelant le baron anglais jusqu'à l'entrée de la tente du roi, devant laquelle quelques cavaliers venaient de descendre de cheval. L'intérieur du pavillon était éclairé, et il semblait y régner un mouvement extraordinaire. Lorsque Neville y entra avec l'esclave supposé, ils trouvèrent le roi, avec plusieurs de ses nobles, occupé à recevoir ceux qui venaient d'arriver.

CHAPITRE XXVI.

> » Mes pleurs doivent couler sans fin,
> » Car ils n'ont pas leur source dans l'absence :
> » L'amant absent peut revenir demain ;
> » Souvent le temps couronne la constance.
>
> » Sur un tombeau silencieux
> » Je ne viens pas verser de vaines larmes ;
> » Grace à la mort, les amans malheureux
> » Sont réunis sans crainte et sans alarmes.
>
> » Elle pleurait, dans sa douleur,
> » Avec l'orgueil de sa haute naissance.
> » Le nom flétri, l'injuste déshonneur,
> » De son amant, guerrier plein de vaillance. »
>
> *Ancienne ballade.*

On entendit la voix sonore de Richard s'écrier avec un accent de franchise et de félicitation joyeuse :

—Thomas de Vaux ! mon brave Tom de Gilsland ! par la tête du roi Henry, tu es le bienvenu, aussi bienvenu que le fut jamais flacon de vin pour un maître ivrogne. J'aurais à peine su comment disposer mon ordonnance de bataille si je n'avais eu ta taille épaisse pour me servir de point de mire en formant mes rangs. Il va bientôt pleuvoir des coups, Thomas, si les saints nous prêtent leur aide; et si nous avions combattu en ton absence, je me serais attendu à apprendre qu'on t'avait trouvé pendu aux branches de quelque arbre.

— J'espère que j'aurais supporté ce désappointement avec plus de patience chrétienne, dit Thomas de Vaux, que si j'avais à périr de la mort d'un apostat. Mais je remercie Votre Majesté de son bon accueil, ce qui est d'autant plus généreux qu'il s'agit d'un régal de horions, dont, sauf votre bon plaisir, sire, vous n'êtes toujours que trop porté à prendre la plus grosse part; mais je vous amène quelqu'un à qui je sais que Votre Majesté fera encore meilleur accueil.

— Celui qui s'avança pour saluer respectueusement Richard était un jeune homme de petite taille et de peu d'embonpoint. Ses vêtemens étaient aussi modestes que sa personne était remarquable; mais il portait à sa toque une boucle d'or, garnie d'un brillant dont l'éclat ne pouvait être égalé que par celui de ses yeux. C'était le seul trait de sa physionomie qui fût frappant; mais quand on l'avait une fois remarqué il ne manquait jamais de produire une vive impression sur le spectateur. A son cou était suspendu par une écharpe de soie bleu de ciel un *wrest*, comme on nommait alors la clef qui sert à accorder une harpe, et qui était d'or massif.

Il fit un mouvement pour s'aguenouiller devant Richard; mais le roi s'y opposa avec empressement, le serra dans ses bras avec affection, et l'embrassa sur les deux joues.

— Blondel de Nesle! s'écria-t-il avec joie. Tu es le bienvenu de Chypre, mon roi des ménestrels, le bienvenu près du roi d'Angleterre, qui n'attache pas un plus haut prix à sa propre dignité qu'à la tienne. J'ai été malade, et, sur mon ame, je crois que ton absence en était la cause; car, si j'étais à mi-chemin du ciel, il me semble que tes accens auraient le pouvoir de me rappeler. Et quelles nouvelles du pays de la harpe, mon maître? que content les trouvères de Provence? que chantent les ménestrels de la joyeuse Normandie? et avant tout as-tu été toi-même bien occupé? mais je n'ai pas besoin de te faire cette question. Tu ne pourrais être oisif quand même tu le voudrais : tes nobles talens sont comme un feu intérieur qui te force à l'exhaler en musique et en chansons.

— J'ai appris quelques lais ; j'en ai fait quelques autres, noble roi, répondit le célèbre Blondel avec une timide modestie que l'admiration et l'enthousiasme que Richard montrait pour ses talens n'avaient jamais pu diminuer.

— Nous t'entendrons, Blondel, nous t'entendrons sur-le-champ, s'écria le roi; et, le touchant sur l'épaule avec bonté, il ajouta : C'est-à-dire, si tu n'es pas trop fatigué de ton voyage; car j'aimerais mieux crever mon meilleur cheval que de nuire le moins du monde à ta voix.

— Ma voix est maintenant, comme toujours, au service de mon royal patron, répondit Blondel; mais, ajouta-t-il en jetant les yeux sur des papiers qui étaient placés sur une table, Votre Majesté parait occupée d'affaires plus importantes, et il est déjà tard.

— Pas du tout, mon cher Blondel, répondit Richard;

pas du tout; j'esquissais seulement un plan de bataille contre les Sarrasins, c'est l'affaire d'un instant : elle ne demande presque pas plus de temps que pour les mettre en déroute.

— Il me semble pourtant, dit Thomas de Vaux, qu'il ne serait pas inutile de voir quel nombre de soldats Votre Majesté peut ranger en bataille ; je lui rapporte à ce sujet un rapport d'Ascalon.

— Tu es un mulet, Thomas, s'écria le roi, un vrai mulet pour l'obstination et la stupidité. Allons, messieurs, en cercle, en cercle, rangez-vous autour de lui ; qu'on donne le tabouret à Blondel : où est son porteur de harpe? Un instant, non, donnez-lui la mienne ; la sienne peut avoir souffert du voyage.

— Je désirerais que Votre Majesté voulût entendre mon rapport, dit sir Tomas de Vaux. J'ai fait un long voyage, et j'ai plus d'envie de m'étendre sur mon lit que de me faire chatouiller les oreilles.

— Te chatouiller les oreilles! répondit Richard ; ce serait donc avec une plume de bécasse plutôt que par des sons harmonieux. Dis-moi, Thomas, tes oreilles savent-elles distinguer le chant de Blondel du braiement d'un âne?

— Sur ma foi, sire, je ne sais trop que vous répondre, dit De Vaux ; mais, laissant à part Blondel, qui est noble de naissance, et qui par conséquent a sans doute de grands talens, je vous réponds qu'attendu la question de Votre Majesté je ne regarderai jamais un ménestrel sans penser à un âne.

— Mais par courtoisie, répliqua Richard, n'aurais-tu pas pu faire une exception pour moi, qui suis de noble naissance aussi-bien que Blondel, et qui, comme lui, suis un confrère de la gaie science?

— Votre Majesté, dit de Vaux en souriant, doit se rappeler qu'il est inutile de demander de la courtoisie à un mulet.

— C'est la vérité, dit Richard; et surtout à un mulet aussi mal dressé que toi. Mais viens ici, maître mulet, afin qu'on te décharge de ton fardeau, et que la musique ne t'empêche pas d'aller te vautrer sur ta litière; ce serait du bien perdu pour toi. Pendant ce temps, mon bon frère de Salisbury, cours à la tente de Bérengère, et dis-lui que Blondel vient d'arriver avec tout ce que l'art du ménestrel a produit de plus nouveau. Invite-la à venir ici sur-le-champ; tu lui serviras d'escorte, et veille à ce que notre cousine Edith Plantagenet vienne avec elle.

En prononçant ces derniers mots, Richard regarda le Nubien avec cette expression équivoque que sa physionomie prenait ordinairement quand il levait les yeux sur lui.

— Ah! dit-il, notre discret et silencieux messager est de retour! Avance, esclave; place-toi derrière Neville, et tu entendras des sons qui te feront remercier le ciel de ce qu'en t'affligeant il t'ait rendu muet plutôt que sourd.

A ces mots, ne songeant plus au reste de la compagnie, il se tourna vers De Vaux, et s'occupa des détails militaires que lui donna le baron.

Comme le lord de Gilsland finissait son rapport, un messager vint annoncer que la reine et sa suite approchaient de la tente royale.

— Holà! un flacon de vin! s'écria Richard, de ce

vieux vin de Chypre du roi Isaac, que nous gardons depuis si long-temps, et que nous trouvâmes après avoir pris Famagouste d'assaut. Versez-en un grand verre pour le brave lord de Gilsland, messieurs. Jamais prince n'eut un serviteur plus zélé et plus fidèle.

— Je suis charmé, dit Thomas de Vaux, que Votre Majesté trouve que le mulet est un animal utile, quoique sa voix soit moins harmonieuse que le crin de cheval et le fil de laiton.

— Quoi! dit le roi, tu n'as pas encore digéré ce lardon de mulet! Fais-le passer avec un verre de vin, Thomas; sans quoi il t'étouffera. Bien! on ne saurait mieux boire. Et maintenant je te dirai que tu es un soldat comme moi, et qu'en conséquence nous devons supporter les quolibets l'un de l'autre dans un salon, comme les horions dans un tournoi; et plus nous frappons fort, plus nous devons nous aimer. Sur ma foi, si tu n'as pas frappé aussi fort que moi dans cette dernière rencontre, tu as du moins employé tout ton esprit à repousser mes coups. Mais voici la différence qu'il y a entre toi et Blondel : tu n'es que mon camarade, je pourrais dire mon élève dans l'art de la guerre; Blondel est mon maître dans la science du chant et de la musique. Je te permets la liberté de l'intimité, mais je lui dois le respect comme étant mon supérieur dans son art. Allons, Thomas, point d'humeur, et reste avec nous pour écouter ses chants.

— Pour voir Votre Majesté dans une humeur si enjouée, répondit le lord de Gilsland, sur ma foi, je resterais jusqu'à ce que Blondel eût fini de chanter le grand roman du roi Arthur, qui dure trois jours.

— Nous ne mettrons pas ta patience à une si longue

épreuve, dit Richard. Mais je vois une lueur de torches qui annonce l'arrivée de notre épouse; va la recevoir, Thomas, et tâche de trouver grace aux yeux les plus brillans de la chrétienté. Ne t'arrête pas pour donner plus d'élégance aux plis de tes vêtemens; vois, tu as laissé Neville se placer entre le vent et les voiles de ta galère!

— Il n'a jamais été en avant de moi sur le champ de bataille, répliqua De Vaux, peu satisfait de se voir prévenu par l'activité supérieure du chambellan.

— Et qui y a jamais été, mon bon Tom de Gilsland, dit le roi, si ce n'est peut-être nous de temps en temps?

— Oui, sire, répondit De Vaux; mais rendons justice aux malheureux : j'ai vu aussi quelquefois en avant de moi l'infortuné chevalier du Léopard; car, voyez-vous, il pèse moins sur son cheval, et par conséquent...

— Silence! s'écria Richard en l'interrompant d'un ton péremptoire; qu'on ne prononce pas ce nom devant moi!

Se levant en même temps, il alla recevoir son épouse à la porte du pavillon, et lui présenta ensuite Blondel comme le roi des ménestrels et son maître dans la gaie science. Bérengère, qui savait parfaitement que la passion de Richard pour la poésie et la musique était presque égale à sa soif de renommée guerrière, et que Blondel était son plus cher favori, eut soin de le recevoir avec toutes les distinctions flatteuses dues à un homme que le roi se plaisait à honorer. Cependant il était évident que, quoique Blondel répondît convenablement aux complimens que la belle reine lui prodiguait sans réserve, il était plus sensible aux manières gracieuses d'Edith, dont l'accueil cordial lui parut d'autant plus sincère, qu'il avait moins d'apprêt et plus de simplicité.

La reine et son auguste époux s'aperçurent également de cette distinction, et Richard, voyant que son épouse était un peu piquée de la préférence qu'avait obtenue sa cousine, et dont peut-être n'était-il pas très-satisfait lui-même, dit assez haut pour être entendu de toutes deux : — Nous autres ménestrels, Bérengère, comme vous pouvez le voir par la conduite de notre maître Blondel, nous avons plus de respect pour un juge sévère comme notre parente que pour un ami partial qui est disposé comme vous à croire à notre mérite sur parole.

Edith fut piquée à son tour de ce sarcasme, et elle n'hésita pas à répondre qu'elle n'était pas la seule dans la famille des Plantagenet qui fût portée à juger avec promptitude et sévérité.

Elle en aurait peut-être dit davantage, car elle avait quelque chose du caractère de cette maison qui, tirant son nom et sa devise d'un faible arbrisseau (*planta genista*) choisi comme emblème d'humilité, était peut-être une des familles les plus fières qui aient jamais régné sur l'Angleterre ; mais tandis qu'elle parlait ainsi avec passion, ses yeux rencontrèrent ceux du Nubien, quoiqu'il cherchât à se cacher derrière les nobles qui étaient présens. A cette vue Edith se laissa tomber sur une chaise ; elle devint si pâle, que la reine Bérengère se crut obligée de demander de l'eau et des essences, et de remplir tout le cérémonial d'usage pour une dame qui s'évanouit.

Richard, qui savait mieux apprécier la force d'esprit d'Edith, dit à Blondel de s'asseoir, et de commencer son lai, ajoutant que la musique était une recette qui valait toutes les autres pour rappeler à la vie une Plantagenet.

— Chante-nous, lui dit-il, ce lai de la *Robe ensanglantée* dont tu m'as raconté le sujet avant mon départ de l'île de Chypre. Tu dois à présent le savoir parfaitement, ou ton arc est brisé, comme le disent nos archers.

L'œil inquiet du ménestrel était pourtant toujours fixé sur Edith, et ce ne fut que lorsqu'il vit les couleurs reparaître sur ses joues qu'il obéit aux ordres réitérés du roi; s'accompagnant alors de sa harpe, de manière à prêter une nouvelle grace à sa voix sans la couvrir, il chanta, comme un récitatif, une de ces anciennes aventures d'amour et de chevalerie qui étaient jadis des thèmes populaires pour les ménestrels. Dès qu'il commença à préluder, son extérieur peu remarquable changea tout à coup de caractère; un air d'inspiration anima sa physionomie, et tous ses traits brillèrent d'une noble énergie. Enfin sa voix mâle, sonore et flexible, enchanta toutes les oreilles, et arriva jusqu'à tous les cœurs.

Richard, aussi joyeux qu'après une victoire, enjoignit le silence par une citation fort à propos :

> Dans le salon, dans le boudoir,
> Écoutez-moi, noble assistance.

Il fit ranger en cercle tous les auditeurs, avec le zèle d'un protecteur des arts et d'un élève; et, ayant prononcé le *chut* final, il s'assit lui-même avec un air d'attente et d'intérêt, qui n'était pas sans quelque mélange de la gravité d'un critique de profession. Les courtisans fixèrent leurs yeux sur le roi, afin d'être prêts à imiter toutes les émotions que ses traits pourraient exprimer, et Thomas de Vaux bâilla d'une manière effrayante, en homme qui se soumet malgré lui à une pénitence pénible. Le lai de Blondel était en langue normande, comme on doit bien le croire; mais les vers suivans, en langage plus moderne, pourront en faire connaître le sens et la manière.

LA ROBE ENSANGLANTÉE.

CHANT Ier.

Auprès des murs de Bénévent la belle,
Quand le soleil était sur son déclin,
Que maint guerrier s'apprêtait avec zèle
Pour le tournoi du lendemain matin,
De la princesse un jeune et noble page
A pas hâtés parcourait tout le champ,
Cherchant la tente où vivait en servage
Un brave Anglais, nommé Thomas de Kent.

Pour le trouver il eut pourtant à faire
Bien du chemin, car du bon chevalier
Le pavillon modeste et solitaire
N'était brillant que de fer et d'acier.
Il réparait lui-même sa cuirasse,
Faute d'argent pour payer l'ouvrier :
Saint Jean, sa dame, étaient l'aide efficace
Qu'il invoquait pour cueillir un laurier.

— Beau chevalier, tu connais ma maîtresse,
Lui dit le page avec un air altier;
De Bénévent tu sais qu'elle est princesse,
Et que tu n'es qu'un simple chevalier.
Qui veut franchir cet intervalle immense,
D'un si grand arbre atteindre la hauteur,
Par quelque fait d'une illustre importance
Doit se montrer son digne serviteur.

Écoute donc ce que dit ma maîtresse :
De ta cuirasse il faut te décharger.
Robe de nuit qui sert à la princesse
Au lieu d'haubert devra te protéger.

Reçois de moi cette armure nouvelle,
Dans le tournoi combats avec valeur ;
Et, satisfait d'un regard de ta belle,
Meurs avec gloire, ou vis avec honneur. —

D'un air serein, aussi fier que son ame,
Le chevalier prend le présent fatal.
— Page, dit-il, dis à ma noble dame
Que j'obéis à son premier signal.
Je combattrai, couvert de cette armure,
Tout champion qui se présentera ;
Mais si je suis vainqueur, à son tour, sans murmure,
Ma dame à quelque épreuve aussi se soumettra. —

— Ami Blondel, dit Richard, tu as changé de mesure dans les deux derniers vers.

— Vous avez raison, sire, répondit Blondel. J'ai traduit ces vers de l'italien, d'après un vieux ménestrel que j'ai rencontré dans l'île de Chypre ; et n'ayant eu le temps ni de les traduire ni de les graver bien fidèlement dans ma mémoire, je suis obligé de remplir les lacunes qui se trouvent dans la musique et dans les vers, aussi bien qu'il m'est possible, d'après l'inspiration du moment ; de même qu'on voit les paysans raccommoder une haie vive avec un fagot de bois mort.

— Sur ma foi, Blondel, reprit le roi, j'aime ces alexandrins sonores et ronflans ; il me semble que cette mesure convient mieux à la musique que celle qui a deux syllabes de moins.

— Votre Majesté sait que toutes deux sont sanctionnées par l'usage, répondit Blondel.

— Sans doute, répliqua Richard ; mais à présent qu'il va sans doute pleuvoir des coups, il me semble que ces alexandrins, retentissant comme le tonnerre, conviendraient mieux pour peindre cette scène. Ce serait comme une charge de cavalerie, au lieu que l'autre mesure n'est que le pas d'amble du palefroi d'une dame.

— Ce sera comme il plaira à Votre Majesté, dit Blondel en commençant un nouveau prélude.

— D'abord, échauffe ton imagination avec un verre de ce bon vin de Chypre, dit le roi; et si tu veux m'en croire, tu t'épargneras la peine de chercher des rimes pour tous les vers, et de les faire marcher avec tant de régularité. C'est mettre la pensée à la gêne; c'est ressembler à un jongleur qui danse les fers aux pieds.

— Du moins, ce sont des fers dont il est facile de se débarrasser, répondit Blondel en passant de nouveau les doigts sur les cordes de sa harpe, en homme qui aurait préféré chanter, au lieu d'écouter une critique.

— Et pourquoi donc les garder? continua Richard; pourquoi mettre à ton génie des bracelets d'airain? Je suis surpris que tu puisses marcher ainsi. Je suis sûr que je n'aurais pas été en état de composer une seule de ces strophes en me soumettant à une pareille contrainte.

Blondel baissa les yeux, et feignit d'accorder sa harpe pour cacher un sourire qui se peignit involontairement sur ses traits, mais qui ne put échapper aux regards clairvoyans de Richard.

— Sur ma foi, tu ris à mes dépens, Blondel, s'écria-t-il; mais, en bonne conscience, c'est ce que mérite quiconque veut prendre le ton de maître quand il n'est qu'écolier. Nous autres rois, nous avons la mauvaise habitude d'avoir une trop haute opinion de nous-mêmes. Mais allons, mon cher Blondel, continue ton lai, et prends la mesure qui te conviendra. Ce que tu chanteras vaudra mieux que tout ce que nous pourrions te suggérer, quoiqu'il faille toujours que nous parlions.

Blondel continua le lai commencé; mais, comme il était habitué à composer impromptu, il ne manqua pas de se conformer aux observations du roi, et peut-être même ne fut-il pas fâché de saisir cette occasion pour prouver avec quelle facilité il pouvait remanier des vers, même pendant qu'il les déclamait.

LA ROBE ENSANGLANTÉE.

CHANT II.

Enfin le tournoi s'ouvre, et l'on voit à la fois
Vingt rivaux pleins d'ardeur disputer la victoire.
Mais quel sera le fruit de leurs nobles exploits?
Au vaincu le tombeau, pour le vainqueur la gloire.
Ils joignent le sang-froid à l'intrépidité;
Mais par les coups qu'il porte un d'entre eux les efface,
Et c'est le chevalier qui n'a d'autre cuirasse
Qu'un simple vêtement que sa dame a porté.

On l'évite, on rougit d'une lutte inégale;
On croit que c'est un vœu qu'a fait ce chevalier;
Mais à plus d'un héros sa bravoure est fatale,
Et maint bras contre lui lève un fer meurtrier.
Son corps n'est déjà plus qu'une large blessure;
Son sang coule à grands flots. Témoin de sa valeur,
Le prince a fait un geste; et sans qu'on en murmure,
Les hérauts, à grands cris, le proclament vainqueur.

Le tournoi terminé, l'on prépare une fête;
Mais, tandis qu'à briller la princesse s'apprête,
Arrive un écuyer, portant un vêtement
Qu'à sa dame, à son tour, destinait son amant;
Cette robe de nuit qui lui servit d'armure,
Couverte de sueur, de poussière et de sang,
Déchirée en lambeaux, dont toute la texture
Ne présentait aux yeux pas un point qui fût blanc.

— Princesse, lui dit-il, Thomas de Kent, mon maître,
A franchi l'intervalle, et vous le fait connaître
En mettant sous vos yeux ce vêtement de nuit.
Celui qui monte à l'arbre en doit cueillir le fruit.
Le sang que vous voyez est le prix de sa gloire ;
Il fut versé pour vous. A moins qu'à votre tour
Vous ne portiez ce soir cette robe à la cour,
A votre affection mon maître ne peut croire. —

Pressant contre son cœur sa robe ensanglantée,
La princesse répond : — Oui, je m'en parerai ;
Devant toute la cour elle sera portée ;
Plus j'aurai de témoins, plus fière j'en serai. —
Elle tint sa parole, et ce fut la parure
Dont elle se couvrit pour paraître au banquet.
Dieu sait comme on jasa, quoiqu'on sût l'aventure ;
Mais son père bientôt fit taire tout caquet.

— Puisque tu viens ainsi d'afficher ta folie,
Ce chevalier, dit-il, doit être ton époux.
Mais fuis loin de mes yeux, car mon juste courroux
De ma cour à jamais te déclare bannie.
— Eh bien, dit sir Thomas, si, loin de Bénévent,
Ta fille est en exil par ordre de son père,
Aura-t-elle à rougir, quand toute l'Angleterre
Lui donnera le nom de comtesse de Kent ? —

Un murmure d'applaudissemens se fit entendre dans toute l'assemblée ; Richard lui-même en donna l'exemple par les louanges dont il combla son ménestrel favori, à qui il finit par présenter une bague d'un prix considérable. La reine se hâta de lui offrir aussi un riche bracelet, et la plupart des nobles qui étaient présens s'empressèrent d'imiter les nobles époux.

— Notre cousine Edith, dit le roi, est-elle devenue insensible aux sons de la harpe, qu'elle aimait tant autrefois ?

— Elle remercie Blondel de son lai, répondit Edith ;

mais elle sent plus vivement encore toute la bonté du parent qui lui en a indiqué le sujet.

— Vous êtes en colère, cousine, dit Richard, parce que vous venez d'entendre célébrer une femme encore plus fantasque que vous. Mais vous ne m'échapperez pas. Je vous reconduirai jusqu'au pavillon de la reine, car il faut que j'aie une conférence avec vous avant que cette nuit fasse place au matin.

La reine et les dames de sa suite étaient déjà levées. Tous les seigneurs qui étaient sous la tente du roi en sortirent tour à tour. Des esclaves portant des torches et une escorte d'hommes d'armes attendaient Bérengère à la porte pour la reconduire à son pavillon, et elle fut bientôt en chemin pour s'y rendre. Richard se mit à côté d'Edith, comme il lui en avait annoncé le projet, et, l'ayant forcée à s'appuyer sur son bras, il se tint à une distance suffisante du reste du cortège pour s'entretenir sans courir le risque d'être entendus.

— Eh bien, quelle réponse dois-je faire au noble soudan? dit Richard. Les rois et les princes vont me délaisser; Edith, cette nouvelle querelle les a aliénés de moi encore une fois. Je voudrais pourtant faire quelque chose pour le saint sépulcre en vertu d'un traité, si ce n'est par les droits de la victoire; et la chance que j'en ai dépend, hélas! du caprice d'une femme; j'aimerais mieux avoir à attaquer seul les dix meilleures lances de toute la chrétienté que d'avoir à raisonner avec une jeune fille volontaire qui ne sait pas où est son plus grand avantage. Voyons, quelle réponse dois-je faire au soudan? Il faut qu'elle soit définitive.

— Répondez-lui, dit Edith, que la plus pauvre des

Plantagenet aimerait mieux épouser un mendiant qu'un infidèle.

— Ne dirai-je pas *un esclave*, Edith? Il me semble que ce serait approcher davantage de votre pensée.

— Vous n'avez aucun motif pour un soupçon si grossier. L'esclavage du corps aurait pu inspirer la compassion, mais celui de l'ame ne doit exciter que le mépris. Quelle honte pour vous, roi d'Angleterre, d'avoir chargé de fers le corps et l'ame d'un chevalier dont la renommée naguère le cédait à peine à la vôtre!

— Ne devrais-je pas empêcher ma parente d'avaler du poison en souillant le vase qui le contient, si je ne voyais aucun moyen de la détourner de boire cette fatale liqueur?

— C'est vous-même qui me pressez de prendre du poison parce qu'il m'est présenté dans une coupe dorée.

— Edith, je ne puis forcer votre résolution; mais prenez garde de fermer une porte ouverte par le ciel. L'ermite d'Engaddi, cet homme que des papes et des conciles ont regardé comme un prophète, a lu dans les astres que votre mariage me réconciliera avec un puissant ennemi, et que votre mari sera chrétien. J'ai tout lieu d'espérer que la conversion du soudan et la soumission des enfans d'Ismaël à la véritable Église seront la conséquence de votre mariage avec Saladin. Ne ferez-vous pas quelque sacrifice plutôt que de laisser s'évanouir une si belle espérance?

— On peut sacrifier des béliers et des chèvres, mais non son honneur et sa conscience. J'ai entendu dire que ce fut le déshonneur d'une fille chrétienne qui amena les Sarrasins en Espagne; il n'est pas vraisemblable que la honte d'une autre soit le moyen de les expulser de la Palestine.

— Est-ce donc une honte, suivant vous, que de devenir l'épouse d'un puissant monarque?

— C'est, suivant moi, une honte et un déshonneur que de profaner un sacrement; et je le profanerais si je contractais une union avec un infidèle qu'elle ne pourrait lier; si, moi descendante d'une princesse chrétienne, je consentais volontairement à devenir la reine d'un harem de concubines païennes.

— Je ne veux pas avoir de querelle avec vous, Edith; je croyais pourtant que votre état de dépendance aurait pu vous inspirer plus de complaisance.

— Sire, vous êtes le digne héritier de la richesse, des honneurs et de tous les domaines de la maison de Plantagenet; ne reprochez donc pas à votre pauvre parente la petite part qu'elle a conservée de leur fierté.

— Sur ma foi, cousine, vous m'avez désarçonné par ce seul mot. Embrassons-nous donc, et soyons amis. Je vais informer Saladin de vos refus. Mais, après tout, Edith, ne vaudrait-il pas mieux suspendre votre réponse jusqu'à ce que vous l'ayez vu? on dit que c'est un des plus beaux hommes qu'on puisse voir.

— Il n'y a nulle apparence que nous nous rencontrions jamais, sire.

— De par saint George! il y en a presque la certitude. Saladin nous accordera sans aucun doute un terrain neutre pour ce nouveau combat de l'étendard, et il voudra en être témoin lui-même. Bérengère meurt d'envie d'y assister, et je réponds que, parmi vous toutes, il n'y en a pas une qui restera en arrière; vous moins qu'aucune autre, belle cousine. Mais n'importe

nous voilà arrivés au pavillon; il faut nous séparer, et
que ce soit en paix. Eh bien, il faut la sceller des lèvres
comme de la main, belle cousine! C'est mon droit
comme souverain d'embrasser mes jolies vassales.

Il l'embrassa avec autant de respect que d'affection,
et reprit au clair de lune le chemin de sa tente, en fre-
donnant quelques fragmens qu'il avait retenus du lai
de Blondel.

En y arrivant, il ne perdit pas un instant pour préparer ses dépêches pour Saladin, et il les remit au Nubien en lui ordonnant de partir au point du jour pour
les porter au soudan.

CHAPITRE XXVII.

> « On entend le Tecbir, comme l'Arabe appelle
> » Ces cris assourdissans que pousse l'infidèle
> » En allant aux combats quand il demande aux cieux
> » De ceindre de lauriers son front victorieux. »
>
> Hugues. *Le Siège de Damas.*

Le lendemain matin, Philippe de France invita Richard à une conférence dans laquelle, après l'avoir assuré de sa haute estime pour son frère d'Angleterre, il lui annonça dans les termes les plus courtois, mais trop clairs pour qu'on pût s'y méprendre, son intention positive de retourner en Europe pour se livrer aux soins qu'exigeait son royaume, attendu que la diminution des forces des croisés et les dissensions qui existaient entre eux ne lui permettaient pas de conserver la moindre espérance de succès dans leur entreprise. Richard fit des remontrances ; mais elles furent inutiles, et lorsque la conférence fut terminée, il reçut, sans être surpris, un manifeste signé par l'archiduc d'Autriche et plusieurs autres princes qui lui déclaraient qu'ils avaient pris la même résolution que Philippe, et qui ajoutaient sans circonlocution que, s'ils abandonnaient la cause de la croix, il fallait en accuser l'ambition désordonnée et l'esprit de domination arbitraire de Richard d'Angleterre. Cœur-de-Lion abandonna alors tout espoir de continuer la guerre avec quelque succès, et tout en versant des larmes amères sur l'anéantissement de ses projets de gloire, l'idée qu'il devait, jusqu'à un certain point, attribuer cet échec à l'avantage qu'avait donné à ses ennemis son caractère impétueux et imprudent ne fut pas pour lui un grand motif de consolation.

— Ils n'auraient pas osé abandonner ainsi mon père, dit-il à De Vaux dans l'amertume de son dépit. Personne dans toute la chrétienté n'aurait ajouté foi aux calomnies qu'ils auraient pu répandre contre un monarque si sage, tandis que moi, fou que je suis, je leur ai fourni un prétexte spécieux non-seulement pour me délaisser, mais pour rejeter sur mes malheureux défauts tout le blâme de cette rupture.

Ces idées tourmentaient Richard à un tel point, que De Vaux entendit avec grand plaisir annoncer l'arrivée d'un ambassadeur de Saladin, ce qui donna une nouvelle direction aux pensées du roi.

Cet envoyé était un émir que Saladin estimait beaucoup, et qui se nommait Abdallah El Hadgi. Il descendait de la famille du Prophète, et était de la race ou tribu d'Hasmen, généalogie dont la preuve visible était son turban vert d'une énorme dimension. Il avait fait trois fois le voyage de la Mecque, ce qui lui avait valu le surnom d'El Hadgi, c'est-à-dire le pèlerin. Malgré ces diverses prétentions à la sainteté, Abdallah était, pour un Arabe, un bon vivant. Il aimait à entendre raconter un conte joyeux. Il mettait de côté sa gravité, au point de vider un flacon avec plaisir quand le secret lui offrait une garantie contre la médisance. Il était aussi homme d'état; et Saladin avait employé ses talens dans diverses négociations avec les princes chrétiens, et particulièrement avec Richard, qui connaissait El Hadgi, et qui en faisait grand cas. Enchanté de la promptitude avec laquelle cet envoyé consentit, de la part de son maître, à fournir un terrain neutre pour le combat, à accorder un sauf-conduit pour tous ceux qui voudraient y assister, et offrit de rester lui-même en otage pour garantie de la bonne foi de Saladin, Richard oublia bientôt la chute de ses espérances et la dissolution prochaine de la ligue des princes chrétiens, pour se livrer à la discussion intéressante des préliminaires d'un combat en champ clos.

L'endroit nommé le Diamant du Désert fut désigné pour être le lieu du combat, comme étant à peu près à égale distance du camp des chrétiens et de celui des Sarrasins. Il fut convenu que Conrad de Montserrat et ses parrains, l'archiduc d'Autriche et le grand-maître des Templiers, s'y trouveraient, le jour fixé pour le combat; que Richard d'Angleterre et son frère Salisbury s'y rendraient avec un pareil nombre d'hommes d'armes, pour protéger le champion qui soutiendrait l'accusation; enfin que le soudan amènerait avec lui une garde de cinq cents hommes d'élite, nombre que Richard ne considérait que comme égal aux deux cents lances chrétiennes. Toutes les personnes de considération que l'un ou l'autre parti voudrait inviter à assister au combat devaient n'avoir que leur épée sans autre arme défensive. Le soudan se chargeait de faire préparer le champ clos, ainsi que les rafraîchissemens et tout ce qui pourrait être nécessaire à tous ceux qui seraient présens à ce combat solennel. Sa lettre exprimait avec beaucoup de courtoisie le plaisir que lui procurait la perspective d'une entrevue personnelle et pacifique avec Melec Ric, et le désir qu'il avait de lui faire l'accueil le plus agréable.

Tous les préliminaires ayant été réglés, et communiqués au marquis de Montserrat et à ses parrains, Abdallah El Hadgi fut admis à une entrevue plus intime, où il entendit avec délices la voix mélodieuse de Blondel. Otant ensuite avec soin son turban vert pour le cacher à tous les yeux, et prenant en place un bonnet grec, il chanta une chanson bachique persane, et but un flacon entier de vin de Chypre, pour prouver qu'il joignait la pratique à la théorie. Le lendemain, aussi grave et aussi sobre que le buveur d'eau Mirglip, il courba le front jusqu'à terre devant le marche-pied de Saladin, et rendit compte au soudan de son ambassade.

La veille du jour fixé pour le combat, Conrad et ses amis partirent au point du jour pour se rendre au lieu désigné. Richard quitta le camp à la même heure, dans le même dessein, mais par une autre route, précaution qui avait été jugée nécessaire pour prévenir la possibilité d'une querelle entre les hommes d'armes des différens princes.

Le bon roi lui-même n'avait alors nulle envie de chercher querelle à personne. Rien n'aurait pu ajouter au plaisir qu'il se promettait d'assister à un combat à outrance en champ clos, si ce n'est l'attente de pouvoir y figurer, en sa personne royale, comme un des champions; Conrad de Montserrat lui semblait presque aussi digne d'envie que coupable. Légèrement armé, somptueusement vêtu, aussi gai qu'un amant la veille du jour de ses noces, il faisait caracoler son cheval près de la litière de la reine Bérengère, lui montrait les objets remarquables qui se présentaient sur la route, et charmait par ses discours et par ses chants l'ennui d'une solitude inhospitalière. Lorsqu'elle avait été en pèlerinage à Engaddi, la reine s'y était rendue par l'autre côté des montagnes, de sorte que ni elle ni les dames de sa suite ne pouvaient se faire une idée du Désert.

Bérengère connaissait trop bien le caractère de son époux pour ne pas avoir l'air de prendre intérêt à ce qu'il lui plaisait de dire ou de chanter. Cependant elle ne put s'empêcher de concevoir quelques craintes assez naturelles à une femme quand elle se vit dans le vaste désert d'une plaine sablonneuse avec une si faible escorte qu'elle ne semblait qu'un point dans l'espace. Elle réfléchit en même temps qu'ils n'étaient pas à une assez grande distance du camp de Saladin pour qu'ils ne pussent être surpris et enlevés en un moment par un détachement supérieur de sa cavalerie légère, si le païen était d'assez mauvaise foi pour vouloir profiter d'une occasion semblable. Mais quand elle se hasardait à exprimer ses craintes, Richard les repoussait avec mépris et mécontentement. — Ce serait plus que de l'ingratitude, disait-il, que de soupçonner la bonne foi du généreux soudan.

Cependant les mêmes doutes et les mêmes soupçons

se représentèrent plusieurs fois, non-seulement à l'esprit timide de la reine, mais à l'ame plus noble et plus ferme d'Edith Plantagenet, qui n'avait pas un excès de confiance dans la bonne foi des musulmans. Elle aurait été moins surprise qu'effrayée si elle avait vu une troupe de cavalerie arabe fondre sur eux comme des vautours sur leur proie en criant Allah ha ! Ses craintes ne diminuèrent nullement quand, vers le soir, on aperçut un cavalier, que son turban et sa longue lance faisaient reconnaître pour Arabe, placé sur le sommet d'une hauteur, comme un faucon qui se balance au haut des airs, et qui, dès qu'il vit paraître le cortège du roi, partit avec la célérité que cet oiseau déploie pour fuir et disparaître dans l'horizon.

— Il faut que nous soyons près de l'endroit indiqué, dit le roi; ce cavalier est sans doute une vedette détachée par Saladin. Il me semble que j'entends le bruit des cors et des cymbales des infidèles. Mettez-vous en bon ordre, camarades, et formez-vous autour de ces dames en soldats braves et bien disciplinés.

A ces mots, chaque chevalier, chaque écuyer, chaque archer, prit son poste, et l'escorte marcha en rangs serrés, ce qui la fit paraître encore moins nombreuse. Pour dire la vérité, quoiqu'il n'y eût peut-être pas de crainte, il pouvait y avoir autant d'inquiétude que de curiosité dans l'attention avec laquelle chacun écoutait les sons bizarres de la musique moresque, qui devenaient plus distincts de moment en moment, et qui partaient du côté vers lequel on avait vu le cavalier arabe diriger sa course.

De Vaux s'approcha du roi, et lui dit à voix basse :
—Ne conviendrait-il pas, sire, de dépêcher un page sur

le haut de cette montagne de sable? ou votre bon plaisir est-il que je pousse en avant ? D'après tout ce tapage, il me semble que, s'il n'y a que cinq cents hommes derrière ces hauteurs, la moitié du cortège de Saladin doit être composée de musiciens? Partirai-je?

Le baron anglais avait serré la bride de son coursier, et il était sur le point de lui faire sentir l'éperon, quand Richard s'écria :

— Non, pour le monde entier! Une telle précaution annoncerait de la méfiance, et elle n'empêcherait pas une trahison, si l'on en méditait une, ce que je ne crains nullement.

Ils continuèrent donc à marcher en bon ordre et en rangs serrés jusqu'au-delà de la chaîne de montagnes de sable; et alors ils virent le lieu du rendez-vous, où un spectacle splendide, mais presque effrayant, les attendait.

Le Diamant du Désert, cette fontaine naguère isolée, qu'un groupe de palmiers solitaires isolait seule de la vaste étendue du Désert, était devenu le centre d'un camp dont les ornemens dorés et les bannières brodées réfléchissaient en mille teintes différentes les rayons du soleil couchant. Les étoffes qui couvraient les plus grands pavillons offraient les couleurs les plus brillantes, l'écarlate, le jaune, le bleu de ciel, etc., et le sommet du pilier central qui soutenait chaque tente était décoré de grenades d'or et de banderoles de soie. Mais, indépendamment de ces pavillons bien ornés, on voyait un nombre des tentes noires des Arabes, que Thomas de Vaux considéra comme de mauvais augure, car, d'après les usages de l'Orient, elles auraient suffi, à ce qu'il lui semblait, à loger une armée de cinq mille hommes. Des Arabes et des Kourdes s'assemblaient à la hâte, chacun conduisant son cheval par la bride, pendant qu'on entendait le bruit assourdissant de cette musique martiale, qui, dans tous les siècles, a animé les Arabes à l'instant du combat.

Ils formèrent bientôt une masse énorme et confuse en avant du camp, et au signal que leur donna un cri aigu qui se fit entendre au-dessus du bruit de la musique, chaque cavalier qui était à pied sauta sur sa selle. Un nuage de poussière, qui s'éleva au moment de cette manœuvre, cacha aux yeux de Richard et de sa suite le camp, les palmiers, les montagnes qu'on voyait dans le lointain, et les troupes dont le mouvement subit avait fait naître ce nuage, qui, s'élevant bien haut par-dessus leurs têtes, prit les formes bizarres de colonnes, de dômes et de minarets.

Un autre cri, non moins aigu que le premier, partit du sein de cette région ténébreuse : c'était un signal de départ pour la cavalerie, et elle partit au même instant, en faisant les manœuvres nécessaires pour arriver en même temps sur le devant, sur les flancs et sur l'arrière du petit corps de Richard, qui se trouva ainsi entouré de toutes parts, tandis que ceux qui le composaient étaient enveloppés et presque étouffés par un nuage épais de poussière, à travers lequel on distinguait quelquefois le costume bizarre et la figure farouche des Sarrasins. Ils secouaient et brandissaient leurs lances dans toutes les directions, poussaient des cris sauvages, et s'avançaient quelquefois jusqu'à portée de la lance des chrétiens, pendant que ceux qui étaient dans les derniers rangs lançaient des flèches par-dessus la tête des autres. Une de ces flèches tomba sur la litière de Bérengère, qui poussa un grand cri, et la rougeur de la colère se peignit aussitôt sur les joues de Richard.

— Par saint George! s'écria-t-il, il faut remettre à l'ordre cette écume d'infidèles.

Mais Edith, dont la litière était voisine de celle de la reine, avança la tête en dehors, et, tenant en main une de ces flèches, elle s'écria : — Roi Richard, prenez garde à ce que vous allez faire! voyez, ces flèches sont sans pointe.

— De par le ciel! s'écria Richard, tu nous fais honte à tous, noble fille, par la justesse de ton bon sens, et par la promptitude de ton coup d'œil. Camarades, dit-il à sa petite troupe, point d'inquiétude! leurs flèches n'ont pas de pointe, et voyez, le fer a été détaché de leurs lances; c'est une manière sauvage de nous dire que nous sommes les bienvenus, quoique je ne doute pas qu'ils ne fussent charmés de nous voir inquiets et effrayés. Marchez donc en avant, d'un pas lent et ferme.

La petite phalange s'avança donc, toujours entourée par les Arabes, qui continuaient à pousser des cris perçans; les archers décochaient leurs flèches de manière à prouver leur dextérité en les faisant passer le plus près possible des casques des chrétiens, sans les toucher; les lanciers se chargeaient les uns les autres avec leurs armes dégarnies de fer, et s'en portaient des coups si violens qu'ils se désarçonnaient souvent, au risque de se briser les os en tombant de cheval; ces démonstrations, quoique destinées à fêter les Européens, avaient à leurs yeux un caractère un peu suspect.

Lorsqu'on fut à peu près à mi-chemin du camp, Richard et sa suite, formant le noyau autour duquel cette foule tumultueuse circulait, hurlait, escarmouchait et galopait, un autre cri aigu se fit entendre, et, au même instant, tous les Arabes qui étaient en avant et sur les flancs du petit corps d'Européens firent un quart de conversion, et allèrent se ranger en assez bon ordre, en longue colonne, derrière la troupe de Richard, qu'ils suivirent presque en silence.

La poussière commençait à peine à se dissiper en avant des Anglais, quand ils aperçurent, à travers ce voile sombre, un corps de cavalerie plus régulière et d'une espèce toute différente. Ces cavaliers étaient munis d'armes offensives et défensives, et ils auraient pu servir de gardes du corps au plus fier des monarques de l'Orient. Chaque cheval de cette troupe, qui consistait en cinq cents hommes, valait la rançon d'un comte; c'étaient des esclaves géorgiens et circassiens, tous dans le printemps de la vie. Leurs heaumes et leurs hauberts étaient d'un acier si bien poli, qu'ils paraissaient d'argent; ils étaient vêtus d'étoffes des couleurs les plus éclatantes; et quelques-uns portaient même du drap d'or ou d'argent; leurs ceintures étaient entrelacées d'or et de soie; leurs turbans étaient enrichis de plumes et de joyaux; enfin, la poignée et le fourreau de leurs sabres et de leurs poignards à lame d'acier de damas étincelaient de pierres précieuses.

Cette troupe brillante s'avança aux sons d'une musique militaire, et lorsqu'elle rencontra les chrétiens elle s'ouvrit, et forma deux files pour les laisser passer. Richard se mit alors à la tête de sa petite escorte, con-convaincu que Saladin lui-même approchait. Effectivement, quelques instants après, au milieu de ses gardes du corps, des officiers de sa maison, et de ces nègres, hideux gardiens des harems de l'Orient, dont la laideur était rendue encore plus difforme par la richesse de leur costume, arriva le soudan, avec l'air et les manières d'un homme sur le front duquel la nature avait écrit : — Voici un roi! Avec son turban, sa robe et ses larges pantalons à l'orientale, le tout blanc comme la neige ; et sa ceinture de soie écarlate, sans aucun ornement, Saladin aurait pu paraître vêtu plus simplement qu'aucun de ses propres gardes. Mais, en le regardant avec plus d'attention, on voyait à son turban cette perle inappréciable que les poètes avaient nommée la mer de lumière ; le diamant sur lequel son sceau était gravé, et qu'il portait au doigt, enchâssé dans une bague, valait probablement tous les joyaux de la couronne d'Angleterre, et un saphir qui terminait la poignée de son cangiar était presque du même prix. Il est bon d'ajouter que, pour se garantir de la poussière, qui, dans les environs de la mer Morte, ressemble à des cendres tamisées, ou peut-être par orgueil oriental, le soudan portait attaché à son turban un voile qui dérobait en partie ses nobles traits à la vue. Il montait un cheval arabe blanc comme le lait, et ce coursier le portait comme s'il eût connu le prix du fardeau dont il était chargé, et qu'il en eût été fier.

Il n'y eut besoin d'aucune introduction cérémonieuse. Les deux héros, car ils méritaient ce nom l'un et l'autre, mirent pied à terre et s'abordèrent en même temps, tandis que les deux troupes s'arrêtèrent, et que les musiciens firent silence. Ils se saluèrent avec courtoisie, et s'embrassèrent comme frères et comme égaux. La pompe qui était déployée des deux côtés n'attirait alors les yeux de personne; on ne voyait que Richard et Saladin, et chacun d'eux ne voyait également que l'autre. Cependant il y avait plus de curiosité dans les regards que Richard fixait sur Saladin, que dans ceux que le soudan jetait sur le monarque anglais. Le prince musulman rompit le silence le premier.

— La présence de Melec Ric est aussi agréable à Saladin, dit-il, que la vue de l'eau au voyageur dans le Désert. Je me flatte qu'il voit sans méfiance cette troupe nombreuse. A l'exception des esclaves armés qui composent ma maison, ceux qui nous entourent, les yeux pleins de surprise et de bon accueil, sont, jusqu'au dernier d'entre eux, les nobles privilégiés de mes mille tribus; car quel est celui qui, pouvant réclamer le droit d'être présent, voudrait s'absenter quand il peut voir un prince tel que Richard, dont le nom, inspirant la terreur, ne peut se prononcer, même sur les sables de l'Yémen, sans que la nourrice fasse taire son enfant, et que l'Arabe libre arrête son coursier fougueux?

— Et tous ces guerriers sont de nobles Arabes? dit Richard en promenant ses regards sur ces êtres à demi sauvages, couverts de haicks. Leur teint était bruni par le soleil, leurs dents étaient blanches comme l'ivoire, leurs regards brillaient d'un feu fier et presque surnaturel; mais leur costume, en général, était d'une simplicité qui allait jusqu'à la négligence.

— Ils ont droit à ce titre, répondit Saladin; mais, quoiqu'ils soient nombreux, les conditions de notre convention n'ont pas été violées. Ils n'ont d'autres armes que leurs cimeterres; ils ont même ôté les fers de leurs lances.

— Je crains, dit en anglais le lord de Vaux à Richard, qu'ils ne les aient laissés dans quelque endroit où il serait facile de les retrouver. J'avoue que voilà une chambre de pairs très-florissante ; Westminster-Hall aurait de la peine à les contenir.

— Silence, De Vaux, dit le roi, je te l'ordonne. Noble Saladin, ajouta-t-il, la méfiance et toi ne peuvent se trouver ensemble. Vois-tu, continua-t-il en lui montrant les litières, j'ai amené aussi avec moi quelques champions, quoique armés de toutes pièces, en contravention du traité; car de beaux yeux et de jolis traits sont des armes qu'on ne peut laisser en arrière!

Le soudan, dirigeant ses regards vers les litières, s'inclina aussi profondément que s'il se fût tourné vers la Mecque, et baisa le sable en signe de respect.

— Elles ne craignent pas une rencontre de plus près, mon frère, dit Richard. Ne veux-tu pas en approcher? elles ouvriront les rideaux.

— Qu'Allah m'en préserve! répondit le soudan. Tous les Arabes qui nous environnent regarderaient comme une honte pour ces dames si on les voyait à visage découvert.

— En ce cas, mon frère, répliqua Richard, tu les verras en particulier.

— A quoi bon? dit Saladin d'un ton mélancolique. Ta dernière lettre a été pour les espérances que j'avais conçues comme de l'eau jetée sur le feu. Pourquoi donc chercher à rallumer une flamme qui peut me consumer sans utilité? Mais mon frère n'entrera-t-il pas sous la tente qui lui a été préparée? Mon premier esclave noir a reçu mes ordres pour la réception des princesses. Les officiers de ma maison auront soin de ta suite, et nous-même nous serons le chambellan du roi Richard.

Il conduisit Cœur-de-Lion vers un pavillon magnifique, où se trouvait tout ce que le luxe peut imaginer pour un roi. De Vaux, qui avait suivi son maître, lui ôta alors sa chappe (*capa*), espèce de long manteau que Richard avait pris pour le voyage, et la force et les proportions de ses membres, vus avec avantage sous un vêtement étroit, formaient un contraste frappant avec la robe flottante qui couvrait la taille grêle du monarque oriental.

L'attention du soudan se porta surtout sur la double garde de l'épée de Richard, dont la lame droite, large et pesante, était presque aussi haute que l'épaule du monarque.

— Si je n'avais vu ce glaive, dit Saladin, flamboyer sur le champ de bataille comme celui d'Azrael, j'aurais à peine cru que le bras d'un homme pût le manier. Puis-je demander à Melec Ric de lui en voir frapper un coup, uniquement comme un essai de sa force?

— Volontiers, noble Saladin, répondit Richard; et, cherchant autour de lui quelque objet pour exercer sa vigueur, il vit une masse d'acier que portait un esclave, et dont le manche, du même métal, avait environ un pouce et demi de diamètre. Il la prit, et la plaça sur un bloc de bois.

L'inquiétude qu'avait De Vaux pour l'honneur de son maître le porta à lui dire en anglais : — Pour l'amour de la sainte Vierge, songez à ce que vous allez faire, sire; vous n'avez pas encore recouvré toutes vos forces; ne faites pas triompher un infidèle!

— Silence, fou! répondit Richard en regardant autour de lui avec fierté; crois-tu que les forces puissent me manquer en sa présence?

L'épée étincelante, tenue par ses deux mains, s'éleva au-dessus de l'épaule gauche du roi, tourna autour de sa tête, descendit comme si elle eût été poussée par la force irrésistible d'une machine de guerre, et la barre de fer tomba par terre en deux morceaux, comme une branche d'arbre coupée par la serpe d'un bûcheron.

— Par la tête du Prophète, voilà un coup merveilleux ! dit le soudan en examinant avec les yeux et le soin d'un critique la barre de fer qui venait d'être coupée et la lame de l'épée si bien trempée qu'elle n'avait souffert en rien du coup qui venait d'être porté. Il lui prit alors sa large main, et sourit en la mettant à côté de la sienne, maigre et décharnée.

— Oui, regardez bien, dit De Vaux en anglais; il se passera long-temps avant que vos longs doigts de singe puissent porter un pareil coup avec votre belle faucille dorée.

— Silence, De Vaux, dit Richard. Par Notre-Dame! il comprend ce que tu dis ou il le devine : parle avec plus de respect, je te prie.

— Je voudrais, dit le soudan un moment après, essayer à mon tour.....; mais pourquoi le faible montrerait-il son infériorité en présence du fort? Cependant chaque pays a ses exercices, et celui-ci peut du moins avoir pour Melec Ric le mérite de la nouveauté. En parlant ainsi, il prit un coussin de soie rempli de duvet, et le mettant de champ, il dit à Richard : — Ton épée peut-elle fendre ce coussin?

— Non certainement, répondit le roi : nulle épée, fût-ce l'Excalibar du roi Arthur, ne peut fendre ce qui n'oppose aucune résistance.

— Regarde-moi donc, dit Saladin. Et, relevant la manche de sa robe, il montra un bras maigre mais vigoureux, et tira ensuite du fourreau son cimeterre, dont la lame étroite et recourbée ne brillait pas comme les épées des Francs, mais était d'un bleu mat et marquée par une infinité de lignes croisées en tous sens. Levant cette arme si faible en apparence en comparaison de l'épée de Richard, le soudan fit porter tout le poids de son corps sur son pied gauche, incliné un peu en avant, se balança un moment comme pour frapper plus juste; et, s'avançant tout à coup, coupa le coussin en deux parties, employant le tranchant de son cimeterre si adroitement, et en apparence avec si peu d'efforts, que le coussin sembla tomber de lui-même.

— C'est un tour de jongleur, dit De Vaux en anglais en s'avançant pour ramasser la partie du coussin qui avait été détachée de l'autre, comme s'il eût voulu s'assurer de la réalité du fait; il y a là de la sorcellerie.

Le soudan parut le comprendre, car il détacha le voile qu'il avait porté jusqu'alors, le suspendit en double sur le tranchant de son cimeterre, le leva en l'air, et, par un mouvement subit, le sépara en deux parties qui tombèrent de différens côtés de l'appartement, montrant en même temps l'excellence de la trempe et du fil de son cimeterre et sa dextérité incomparable.

— De bonne foi, mon frère, dit Richard, tu es sans égal pour le maniement du cimeterre, et une rencontre avec toi ne serait pas sans danger; cependant j'ai quelque confiance dans un bon coup à l'anglaise, et ce que nous ne pouvons faire par l'adresse nous en venons à bout par la force. Quoi qu'il en soit, tu es aussi habile à faire des blessures que mon sage Hakim à les guérir. J'espère que je verrai ce savant médecin; j'ai beaucoup de remerciemens à lui faire, et je lui ai apporté quelques petits présens.

Pendant qu'il parlait ainsi, Saladin ôta son turban pour en prendre un autre en forme de bonnet tartare; il ne l'eut pas plus tôt placé sur sa tête, que De Vaux ouvrit la bouche et les yeux, et Richard ne montra guère moins de surprise; tandis que le soudan, changeant de voix, lui dit d'un ton grave: — Le malade, dit le poète, reconnaît le médecin au bruit de ses pas; mais, lorsqu'il est guéri, il ne reconnaît pas même ses traits quand il les voit.

— C'est un miracle, un vrai miracle! s'écria Richard.

— Et sans doute de la façon de Mahomet, dit Thomas de Vaux.

— Que j'aie méconnu mon savant Hakim, faute d'une robe et d'un bonnet, s'écria Richard, et que je le retrouve dans mon frère Saladin!

— C'est ce qu'on voit souvent dans le monde, répondit Saladin. Ce n'est pas la robe déguenillée qui fait le derviche.

— Et ce fut par ton intercession, dit Richard, que le chevalier du Léopard a évité la mort! et ce fut par ton artifice qu'il revint déguisé dans mon camp!

— Précisément, répondit le soudan; j'étais assez médecin pour savoir qu'à moins que les blessures saignantes de son honneur ne fussent cicatrisées, les jours de sa vie ne pouvaient être nombreux. Tu as découvert son déguisement plus facilement que je ne m'y attendais d'après le succès du mien.

— Un accident, dit Richard, faisant sans doute allusion à l'instant où il avait appliqué ses lèvres sur la blessure du prétendu Nubien, me fit d'abord reconnaître que la couleur de sa peau n'était pas naturelle. Cette découverte une fois faite, le reste n'était pas difficile à deviner, car sa taille et ses traits ne peuvent aisément s'oublier. Je compte sur lui pour être demain mon champion en champ clos.

— Il s'y prépare, et il est plein d'espérance. Je lui ai fourni des armes et un cheval; car, d'après ce que j'ai vu de lui sous divers déguisemens, je le regarde comme un noble chevalier.

— Sait-il maintenant à qui il a tant d'obligations?

— Il le sait. J'ai été obligé de me faire connaître à lui quand je lui ai développé mes projets.

— Et ne vous a-t-il pas fait quelques autres aveux?

— Il ne m'a rien appris de bien positif; mais d'après ce qui s'est passé entre nous, je comprends qu'il a élevé son amour trop haut pour qu'il puisse espérer d'être heureux.

— Et saviez-vous que sa passion audacieuse était contraire à vos propres désirs?

— Je pouvais le conjecturer; mais sa passion existait avant que mes désirs eussent été formés, et je dois ajouter qu'il est maintenant plus que probable qu'elle leur survivra. Je ne puis avec honneur me venger de mon désappointement sur celui qui n'en est pas la cause. Ou, si cette dame de haut rang lui accorde la préférence sur moi, qui peut dire qu'elle ne rend pas justice à un chevalier plein de noblesse?

— Mais de trop bas lignage pour s'allier au sang des Plantagenet, dit Richard avec hauteur.

— Telles peuvent être vos maximes dans le Frangistan, répondit Saladin; mais dans nos contrées orientales, nos poètes disent qu'un conducteur de chameaux plein de bravoure est digne de baiser les lèvres d'une belle reine, et qu'un prince lâche ne mérite pas de toucher le bas de sa robe. Mais, avec votre permission, mon noble frère, il faut que je vous quitte, quant à présent, pour aller recevoir l'archiduc d'Autriche et ce chevalier nazaréen, moins dignes sans doute d'être bien accueillis, mais à qui je dois rendre les devoirs de l'hospitalité, non par égard pour eux, mais pour mon propre honneur. Car, que dit le sage Lockman? — Ne dis pas que tu as perdu la nourriture que tu donnes à l'étranger, car si elle sert à fortifier son corps, elle n'est pas moins utile pour accroître et répandre ton honneur et ta renommée.

Le monarque sarrasin quitta le roi Richard; et lui ayant indiqué par ses gestes, plutôt que par des paroles, l'endroit où était le pavillon de la reine et des dames de sa suite, il alla recevoir le marquis de Montserrat et ses deux parrains, pour qui le soudan magnifique avait fait préparer des pavillons, sinon avec le même plaisir, du moins avec la même splendeur. Il fit offrir à ses hôtes, chacun sous leur tente, des rafraîchissemens à l'orientale et à l'européenne, et il porta l'attention pour leurs goûts et leurs habitudes jusqu'à charger des esclaves grecs de leur présenter le vin, qui est en abomination aux musulmans.

Richard n'avait pas encore fini son repas quand le vieil Omrah qui lui avait apporté dans le camp chrétien la lettre du soudan, vint lui présenter un plan du cérémonial qui devrait être observé le lendemain pour le combat; le roi, qui connaissait le penchant de son ancienne connaissance, l'invita à faire honneur avec lui à un flacon de vin de Schiraz; mais Abdallah lui fit comprendre, quoique d'un air qui annonçait tout son regret, qu'il y allait de sa vie s'il ne s'en abstenait en ce moment ; car Saladin, quoique tolérant sur bien des points, observait fidèlement les lois du Prophète, et exigeait sévèrement qu'on les observât.

— En ce cas, dit Richard, s'il n'aime pas le vin, cette liqueur qui réjouit le cœur de l'homme, on ne peut espérer qu'il se convertisse, et la prédiction de ce fou d'ermite d'Engaddi n'est que de la paille dispersée par le vent.

Le roi s'occupa alors de régler tout pour le combat, ce qui prit un temps considérable, attendu qu'il fut nécessaire de consulter sur certains objets les parties adverses et le soudan.

Enfin tout fut convenu, et l'on arrêta un protocole en français et en arabe, qui fut signé par Saladin comme arbitre du champ clos, et par Richard et Léopold comme garans des deux combattans.

L'Omrah prenait son congé du roi pour le reste de la soirée lorsque le baron De Vaux rentra dans le pavillon de Richard.

— Le bon chevalier qui doit demain livrer le combat, dit-il, demande s'il lui est permis de présenter ce soir ses hommages à son parrain royal.

— L'as-tu vu, De Vaux ? lui demanda le roi en souriant ; as-tu reconnu en lui une ancienne connaissance ?

— Par Notre-Dame de Lanercost ! sire, il y a tant de surprises et de changemens dans ce pays, que mon pauvre cerveau en tourne ; j'aurais à peine reconnu sir Kenneth d'Écosse si son bon chien, qui a été quelques instans sous mes soins, ne fût venu me caresser ; encore ne l'ai-je reconnu qu'à la largeur de son poitrail, à la rondeur de ses pattes et à la manière dont il aboie ; car le pauvre animal était peint comme une courtisane de Venise.

— Tu te connais mieux en chiens qu'en hommes, De Vaux.

— Je ne le nierai pas, sire, et j'ai quelquefois trouvé que la race animale était la plus honnête ; d'ailleurs il plaît à Votre Majesté de me donner de temps en temps à moi-même le nom de brute, et en outre j'ai l'honneur de servir le lion, que tout le monde reconnaît pour le roi des animaux.

— Sur ma foi, tu as rompu ta lance sur mon casque, De Vaux ; j'ai toujours dit que tu as une sorte d'esprit ; c'est dommage qu'il faille te frapper le front avec un marteau d'enclume pour en faire jaillir une étincelle. Mais parlons d'affaires : le brave chevalier est-il bien armé, bien équipé ?

— Complètement et noblement, sire ; je connais cette armure ; c'est celle que le commissaire vénitien a offerte à Votre Majesté avant sa maladie pour cinq cents besans.

— Et je garantis qu'il l'a vendue au soudan infidèle, pour quelques ducats de plus et de l'argent comptant. Ces Vénitiens vendraient jusqu'au saint sépulcre.

— Je prie Dieu que Votre Majesté veuille avoir plus de circonspection. Nous voilà abandonnés de tous nos alliés pour quelques sujets d'offense donnés à l'un ou à l'autre ; nous ne pouvons espérer de réussir sur terre ; il ne nous manque plus que de nous faire une querelle avec cette république amphibie pour que nous perdions les moyens de faire notre retraite par mer.

— J'y veillerai, dit Richard avec impatience ; mais

épargne-moi tes leçons. Dis-moi plutôt, car cela est intéressant, le chevalier a-t-il un confesseur?

— Il en a un, répondit De Vaux; l'ermite d'Engaddi, qui en avait rempli les fonctions quand il se préparait à la mort, est avec lui en ce moment, le bruit du combat l'ayant amené ici.

— C'est bien, reprit Richard. Quant à la demande du chevalier, dis-lui que Richard le recevra quand il aura rempli son devoir près du Diamant du désert de manière à réparer la faute qu'il a commise sur le mont Saint-George; et, en traversant le camp, préviens la reine que je vais aller la voir dans sa tente; puis dis à Blondel de venir m'y joindre.

De Vaux partit. Environ une heure après, Richard, s'enveloppant d'un grand manteau, et sa *gittern* (1) à la main, prit le chemin du pavillon de la reine. Il rencontra plusieurs Arabes; mais tous baissaient les yeux et détournaient la tête, quoiqu'il remarquât que lorsqu'il était passé ils se retournaient pour l'examiner avec attention: il en conclut avec raison que sa personne leur était connue, mais que les ordres du soudan ou leur politesse orientale leur défendaient d'avoir l'air de reconnaître un souverain qui désirait garder l'incognito.

Lorsque le roi arriva près du pavillon de la reine, il le trouva gardé par ces êtres malheureux dont la jalousie orientale entoure le zénana. Blondel se promenait devant la porte en touchant sa rote de temps en temps, et les Africains qui l'écoutaient, montrant de plaisir leurs dents d'ivoire, battaient la mesure avec des

---

(1) Espèce de harpe ou de cithare. — Éd.

gestes étranges, et l'accompagnaient de leurs voix aigres et sauvages.

— Que fais-tu ici avec ce troupeau de bétail noir, Blondel? lui demanda Richard; pourquoi n'es-tu pas entré dans le pavillon?

— Parce que mon métier ne peut se passer ni de tête ni de doigts, sire, répondit Blondel; ces mauricauds m'ont menacé de me tailler en pièces si je faisais un pas pour y entrer.

— Entre avec moi, répliqua le roi; je serai ta sauvegarde.

Les noirs baissèrent leurs cimeterres et leurs piques devant Richard, en fixant les yeux vers la terre, comme indignes de les lever sur lui. Dans l'intérieur du pavillon, ils trouvèrent Thomas de Vaux avec la reine. Tandis que Bérengère accueillait Blondel en l'engageant à chanter, Richard saisit cette occasion pour dire quelques mots à part à sa belle parente.

— Sommes-nous encore ennemis, belle Edith? lui demanda-t-il à demi-voix.

— Non, sire, répondit Edith assez bas pour ne pas interrompre la musique; personne ne peut être ennemi du roi Richard quand il se montre ce qu'il est réellement, aussi noble et généreux que vaillant et plein d'honneur.

En parlant ainsi, elle lui tendit la main, et Richard la baisa en signe de réconciliation.

— Vous croyez, belle cousine, continua-t-il, que ma colère n'était qu'une feinte en cette occasion; mais vous vous trompez. La peine que j'avais prononcée contre ce chevalier était juste; car, quelle que fût la tentation à laquelle il avait été exposé, il avait trahi la confiance que j'avais eue en lui. Mais je suis peut-être aussi charmé que vous que la journée de demain lui offre une chance de regagner son honneur en rejetant sur le véritable traître la tache dont il a été momentanément couvert. Oui, belle cousine, la postérité pourra accuser Richard d'une folle impétuosité; mais elle dira qu'en prononçant une sentence il consultait la justice quand il le fallait, et la merci quand il le pouvait.

— Ne faites pas vous-même votre éloge, roi mon cousin! la postérité pourrait bien appeler votre justice cruauté, et votre merci caprice.

— Et ne soyez pas fière, belle cousine, comme si votre chevalier, qui n'a pas encore endossé son armure, la quittait avec les honneurs du triomphe. Conrad de Montserrat est regardé comme une bonne lance; que diriez-vous si l'Écossais était vaincu?

— Impossible, répondit Edith avec fermeté. Mes propres yeux ont vu Conrad trembler et changer de couleur comme le plus vil des criminels. Il est coupable, et le combat judiciaire est un appel à la justice de Dieu. Moi-même, dans une pareille cause, j'irais sans crainte à sa rencontre dans la lice.

— Sur mon ame, je le crois, et même que tu le battrais; car oncques ne fut plus véritable Plantagenet que toi. Puis il ajouta d'un ton plus sérieux : — Songez à continuer à vous souvenir de ce que vous devez à votre naissance.

— Que signifie cet avis donné si sérieusement en ce moment? demanda Edith. Ai-je jamais montré assez de légèreté pour qu'on doive croire que je puisse oublier mon nom et mon rang.

— Je vais m'expliquer plus clairement, Edith, et vous parler comme un ami. Que sera pour vous ce chevalier, s'il sort vainqueur du combat?

— Pour moi! répéta Edith en rougissant de honte et de mécontentement; que peut-il être pour moi, si ce n'est un honorable chevalier, digne de toutes les faveurs que la reine Bérengère elle-même pourrait lui accorder s'il l'avait prise pour sa dame au lieu de fixer son choix sur un objet qui en était moins digne? Le dernier des chevaliers peut se dévouer au service d'une impératrice; mais la gloire de son choix, ajouta-t-elle avec fierté, doit être sa récompense.

— Et cependant il vous a servie, et il a souffert beaucoup pour vous.

— J'ai payé ses services d'honneur et d'applaudissemens, et ses souffrances de larmes. S'il avait désiré une autre récompense, il aurait choisi sa dame dans son propre rang.

— Vous ne porteriez donc pas pour lui la robe ensanglantée?

— Pas plus que je ne lui aurais demandé d'exposer sa vie par une action dans laquelle il entrait plus de folie que d'honneur.

— C'est toujours ainsi que parlent les jeunes filles; mais quand l'amant favorisé devient pressant, elles disent en soupirant que les astres en ont décidé autrement.

— Voici la seconde fois que Votre Majesté me menace de l'influence de mon horoscope, dit Edith avec dignité. Croyez-moi, sire, quelle que soit la puissance des astres, votre pauvre parente n'épousera jamais ni un infidèle ni un aventurier obscur. Mais permettez-moi d'écouter les chants de Blondel, car le ton des avis de Votre Majesté n'est pas tout-à-fait aussi agréable pour moi.

Le reste de la soirée n'offrit rien qui mérite d'être rapporté.

CHAPITRE XXVIII.

> « Entendez-vous quel bruit font ces guerriers,
> « Le choc du fer et celui des coursiers? »
> Gray.

Il avait été convenu, à cause de la chaleur du climat, que le combat judiciaire, motif de la réunion de tant de nations différentes près du Diamant du désert, aurait lieu une heure après le lever du soleil. La lice, qui avait été préparée sous l'inspection du chevalier du Léopard, renfermait un espace sablé de soixante toises de longueur sur vingt de largeur, en s'étendant du nord au sud, de manière à ce que le soleil levant donnât le même avantage aux deux adversaires. Près des barrières qui formaient l'enceinte de ce vaste enclos, et du côté de l'occident, on avait placé le trône de

Saladin, précisément en face du point central où l'on devait supposer que les combattans se rencontreraient. Vis-à-vis était une galerie fermée par un grillage arrangé de manière que les dames à qui elle était destinée pussent voir le combat sans être elles-mêmes exposées à la vue. A chaque extrémité de la lice était une barrière qui pouvait s'ouvrir et se fermer à volonté. Des trônes avaient été aussi préparés pour le roi d'Angleterre et l'archiduc d'Autriche; mais Léopold, voyant que le sien était moins élevé que celui de Richard, refusa de l'occuper; et Cœur-de-Lion, qui se serait soumis à tout plutôt que de souffrir qu'une formalité empêchât ou retardât le combat, consentit sur-le-champ que les parrains restassent à cheval pendant toute sa durée. A une extrémité de la lice était placée la suite de Richard; à l'autre, celle du marquis de Montserrat. Autour du trône destiné au soudan était rangée sa belle garde géorgienne. Le reste de l'espace était occupé par les spectateurs, chrétiens et musulmans.

Long-temps avant le point du jour la lice était entourée par un nombre de Sarrasins encore plus considérable que Saladin n'en avait vu la veille. Quand le premier rayon du soleil tomba sur le Désert, la voix sonore du soudan lui-même fit entendre le cri : — A la prière! à la prière! et ce cri fut répété par tous ceux à qui leur rang et leur zèle donnaient le droit de remplir les fonctions de muezzins. C'était un spectacle imposant que de voir tous ces soldats se prosterner en même temps la face contre terre, et le visage tourné vers la Mecque. Mais quand ils se relevèrent, le disque du soleil déjà agrandi sembla confirmer les soupçons qu'avait manifestés la veille Thomas de Vaux; car ses rayons étaient réfléchis par les lances des Arabes, qui, quoique sans fer la soirée précédente, en étaient certainement garnies alors. De Vaux ne manqua pas de le faire remarquer à son maître, qui lui répondit avec un ton d'impatience qu'on ne pouvait avoir aucun doute de la bonne foi de Saladin, et que, s'il avait quelque crainte, il pouvait se retirer.

Bientôt après on entendit un bruit de tambourins, et aussitôt tous les cavaliers sarrasins descendirent précipitamment de cheval, et se prosternèrent comme pour faire une seconde prière : c'était pour laisser passer la reine, Edith, et les dames qui les accompagnaient, de leur pavillon dans la galerie qui leur était destinée. Elles étaient escortées par cinquante gardes du sérail de Saladin, le cimeterre nu à la main, et qui avaient ordre de tailler en pièces, fût-il prince ou vilain, quiconque oserait jeter un regard sur les dames pendant leur passage, ou même lever la tête jusqu'à ce que les tambourins cessassent de se faire entendre: cette musique annonça qu'elles étaient entrées dans la galerie, et à l'abri de l'œil de la curiosité.

Cette marque superstitieuse du respect des Orientaux pour le beau sexe porta la reine Bérengère à faire quelques observations critiques qui n'étaient nullement favorables à Saladin et à son pays : mais leur caverne, comme la belle reine appela la galerie, étant bien fermée et bien gardée, il fallut qu'elle se contentât du plaisir de voir sans pouvoir goûter le plaisir plus doux d'être vue.

Cependant les parrains des deux champions examinèrent, comme c'était leur devoir, s'ils étaient convenablement armés et préparés pour le combat. L'archiduc d'Autriche n'était pas très-pressé d'accomplir cette partie du cérémonial, ayant fait, la soirée précédente, une débauche plus qu'ordinaire de vin de Schiraz : mais le grand-maître des Templiers, plus profondément intéressé à l'événement du combat, arriva de bonne heure devant la tente du marquis de Montserrat. A sa grande surprise, on lui en refusa l'entrée.

— Ne me connaissez-vous pas, drôle? demanda le grand-maître courroucé.

— Pardonnez-moi, vaillant et révérend grand-maître, répondit l'écuyer de Conrad; mais vous-même, vous ne pouvez entrer en ce moment. Mon maître va se confesser.

— Se confesser! s'écria le grand-maître d'un ton qui indiquait autant d'alarme que de surprise, et à qui donc?

— Mon maître m'a ordonné le secret, répondit l'écuyer. Mais le grand-maître le repoussant brusquement entra dans la tente.

Il trouva le marquis de Montserrat agenouillé devant l'ermite d'Engaddi, et commençant sa confession.

— Que veut dire ceci, marquis? s'écria le grand-maître. Fi donc! relevez-vous: si vous avez besoin de vous confesser, ne suis-je pas ici?

— Je ne me suis déjà confessé à vous que trop souvent, répondit Conrad, pâle et bégayant. Pour l'amour de Dieu, grand-maître, retirez-vous, et laissez-moi ouvrir ma conscience à ce saint homme.

— En quoi est-il plus saint que moi? dit le grand-maître. Ermite, prophète, fou, dis-moi, si tu l'oses, en quoi tu es plus saint que moi?

— Homme audacieux et pervers, répliqua l'ermite,

apprends que je suis le grillage à travers lequel la lumière divine passe pour éclairer les autres, quoique je n'en profite pas moi-même; et toi, tu es le contre-vent de fer qui ne reçoit ni ne communique la clarté.

— Trêve de verbiage, et sors de cette tente à l'instant! s'écria le grand-maître. Le marquis ne se confessera pas ce matin, à moins que ce ne soit à moi, car je ne quitterai pas son côté.

— Est-ce votre bon plaisir que je me retire? demanda l'ermite à Conrad; car ne croyez pas que j'obéisse à cet homme orgueilleux si vous continuez à désirer mes secours spirituels.

— Hélas! répondit le marquis d'un ton irrésolu, que voulez-vous que je vous dise? Retirez-vous un instant; nous nous reverrons plus tard.

— O funeste esprit de l'homme, qui remet toujours au lendemain ce qu'il devrait faire à l'instant, tu es le meurtrier de l'ame! s'écria l'ermite. Adieu, infortuné, non pour un instant, mais jusqu'à ce que nous nous retrouvions tous deux, n'importe où. Quant à toi, ajouta-t-il en se tournant vers le grand-maître, TREMBLE!

— Que je tremble! répéta le Templier avec un ton de mépris; je ne le puis, quand je le voudrais.

L'ermite n'entendit pas cette réponse, car il était déjà sorti de la tente.

— Allons, dit le grand-maître, défile bien vite ton chapelet, si tu veux me débiter ta litanie; mais écoute, je crois que je sais par cœur toutes tes peccadilles, ainsi autant vaut en épargner le détail, qui nous mènerait peut-être trop loin; je vais commencer par te donner l'absolution. A quoi bon compter les taches qui sont sur les mains quand on va les laver?

— Sachant ce que tu es toi-même, dit Conrad, tu blasphèmes en parlant d'absoudre les autres.

— Cela n'est pas conforme aux canons, marquis, répondit le grand-maître. Tu es plus scrupuleux qu'orthodoxe. L'absolution d'un prêtre pécheur est aussi bonne que celle d'un saint; sans quoi, que Dieu ait pitié d'un pauvre pénitent! Quel est le blessé qui s'inquiète si le chirurgien qui sonde ses blessures a les mains blanches? Allons, prononcerai-je la fameuse formule?

— Non, répondit Conrad, j'aime mieux mourir sans confession que de profaner le sacrement.

— Eh bien, noble marquis, ranimez votre courage, et ne parlez pas ainsi. Dans une heure vous serez victorieux dans la lice, ou vous vous confesserez sous le casque, comme un vaillant chevalier.

— Hélas! grand-maître, je ne vois que de fâcheux augures dans cette affaire. L'instinct d'un limier qui me reconnaît d'un manière si étrange, ce chevalier écossais qui reparaît tout à coup pour se montrer comme un spectre dans la lice; tout cela est de mauvais présage.

— Folie! je t'ai vu rompre une lance contre lui dans une joute, et avec chance égale de succès. Suppose qu'il ne s'agisse que d'un tournoi; qui y figura jamais plus avantageusement que toi? Écuyers, allons, avancez! il est temps que votre maître s'arme pour le combat.

Les écuyers entrèrent, et commencèrent à armer le marquis.

— Quel temps fait-il ce matin? demanda Conrad.

— Le soleil s'est levé sous un nuage, répondit un écuyer.

— Vous voyez que rien ne nous sourit, dit le marquis au grand-maître.

— Tu en combattras plus fraîchement, mon fils, répondit le Templier; remercie le ciel d'avoir modéré en ta faveur la chaleur brûlante du soleil de la Palestine.

Ainsi plaisantait le grand-maître; mais ses plaisanteries avaient perdu leur influence sur l'esprit du marquis de Montserrat; et malgré tous ses efforts pour conserver sa gaieté, les sombres pressentimens du marquis se communiquèrent insensiblement au Templier.

— Ce poltron, pensa-t-il, se fera battre par ce qu'il appelle scrupule de conscience, qui n'est que faiblesse et lâcheté de cœur. Moi, que les visions et les augures n'ébranlent point, qui suis ferme comme un roc dans mes projets, j'aurais dû me présenter moi-même au combat. Fasse le ciel que l'Écossais le tue sur la place! Après la victoire, c'est ce qui pourrait survenir de plus heureux. Quoi qu'il puisse arriver, il n'aura d'autre confesseur que moi. Ce qu'il appelle nos péchés sont en commun entre nous, et il pourrait en confesser ma part comme la sienne.

Pendant que ces pensées se succédaient dans son esprit, il continuait à aider le marquis à s'armer, mais c'était en silence.

L'heure arriva enfin; les trompettes sonnèrent, et les deux chevaliers entrèrent dans la lice, armés de toutes pièces, et montés comme des champions qui vont combattre pour l'honneur d'un royaume. Ils avaient la visière levée, et il se montrèrent aux spectateurs en faisant trois fois le tour de l'arène. Tous deux étaient bien faits, pleins de noblesse; mais on voyait sur le front de l'Ecossais un air de mâle confiance, et une espérance qui allait presque jusqu'à la joie, tandis que Conrad, malgré les efforts qu'avait faits son orgueil pour rappeler sa bravoure naturelle, semblait accablé d'un découragement de mauvais augure. Son coursier même paraissait marcher avec moins d'ardeur et de légèreté, au son des trompettes, que le noble cheval arabe que montait sir Kenneth. Le *Spruch-sprecher* secoua la tête en voyant que tandis que le chevalier écossais faisait le tour de la lice en suivant le cours du soleil, c'est-à-dire de droite à gauche, Conrad faisait le même circuit *widersins* (1), c'est-à-dire de gauche à droite, ce qui est regardé comme un mauvais présage en beaucoup de pays.

Sous la galerie occupée par la reine on avait élevé un autel près duquel on voyait avec d'autres ecclésiastiques l'ermite d'Engaddi, portant l'habit de son ordre, c'est-à-dire un froc de carme. Les parrains des deux champions les y conduisirent successivement. Là, mettant pied à terre, chacun des deux chevaliers attesta la justice de sa cause par un serment solennel prêté sur l'Évangile, et pria le ciel d'accorder la victoire dans le combat, conformément à la vérité ou à la fausseté du serment qu'il venait de prêter. Ils jurèrent aussi de combattre en francs chevaliers et avec les armes d'usage, sans employer ni charmes, ni talismans, ni le secours de la magie, pour obtenir le succès. Sir Kenneth prêta ce serment d'une voix mâle et ferme, et d'un air hardi et enjoué en même temps. Quand il eut rempli cette formalité, il leva les yeux vers la galerie, et s'in-

---

(1) A rebours. — Éd.

clina profondément, comme pour rendre hommage aux beautés invisibles qu'elle renfermait. Ensuite, quoique chargé du poids de son armure, il sauta légèrement sur son coursier, sans se servir de l'étrier, et le fit retourner en caracolant jusqu'au poste qu'il devait occuper à l'une des extrémités de la lice. Conrad se présenta aussi à son tour devant l'autel avec assez de hardiesse; mais en prononçant le serment sa voix était creuse et comme étouffée sous son casque. Lorsqu'il pria le ciel d'accorder la victoire au parti de la justice, ses lèvres pâlirent en proférant cette impiété. Quand il se retourna pour remonter à cheval, le grand-maître s'approcha de lui comme pour arranger quelque chose à son hausse-col, et lui dit à l'oreille : — Fou! lâche! rappelle tes sens, et tâche de combattre avec bravoure, sans quoi, de par le ciel, quand même tu lui échapperais, tu ne m'échapperas pas!

Le ton sauvage avec lequel il prononça ces mots acheva peut-être de porter à son comble l'agitation du marquis, car il trébucha à l'instant où il voulait monter à cheval. Il se releva pourtant sur-le-champ, se mit en selle avec son agilité ordinaire, et fit admirer sa grace en allant regagner son poste à l'autre extrémité de la lice. Mais cet accident n'en fut pas moins remarqué par ceux qui étaient aux aguets pour chercher des présages, et il crurent pouvoir prédire quel serait l'événement du combat.

Les prêtres, après une prière solennelle pour que Dieu accordât la victoire à la cause de la justice, sortirent de l'arène. Les trompettes d'Angleterre sonnèrent une fanfare, et un héraut d'armes, s'avançant à côté du chevalier écossais, s'écria à haute voix :

— Voici le bon chevalier sir Kenneth d'Écosse, champion de Richard, roi d'Angleterre, qui accuse Conrad, marquis de Montserrat, de trahison lâche et déshonorante envers ledit roi.

Lorsque les mots *Kenneth d'Écosse* eurent annoncé quel était le champion qui se présentait dans la lice, car jusqu'alors on ignorait généralement son nom, des acclamations bruyantes et joyeuses s'élevèrent du milieu des hommes d'armes et des officiers de la suite de Richard, et quoique l'ordre du silence eût été réitéré plusieurs fois, à peine permirent-elles d'entendre la réponse du marquis de Montserrat. Comme de raison, Conrad protesta de son innocence, et déclara qu'il était prêt à la prouver par le combat, au péril de son corps. Les écuyers des combattans s'approchèrent alors de leurs maîtres, leur remirent leurs lances, et leur suspendirent leurs boucliers autour du cou, afin qu'ils eussent les deux mains libres, l'une pour tenir la bride de leur cheval, l'autre pour diriger leur lance.

Sur le bouclier du chevalier écossais étaient ses armoiries ordinaires, un léopard; mais il y avait ajouté un collier et une chaîne de fer brisée, par allusion à sa captivité. Celui du marquis portait une montagne escarpée qui rappelait son titre, *monte serrato*. Chacun d'eux brandit sa lance comme pour en reconnaître le poids et la force, et la mit en repos. Les parrains, les hérauts et les écuyers se retirèrent en face l'un de l'autre, la lance en arrêt, la visière de leur casque baissée, et si bien couverts par leur armure qu'ils ressemblaient plutôt à des statues de fer qu'à des êtres de chair et de sang. Le silence de l'attente devint alors général; chacun semblait respirer avec peine, et l'on n'entendait d'autre bruit que celui des hennissemens et des trépignemens des deux nobles coursiers, qui montraient leur impatience de s'élancer dans la carrière.

Les deux champions restèrent ainsi environ trois minutes. Alors, à un signal donné par le soudan, cent instrumens firent retentir l'air de sons guerriers; les coursiers partirent au grand galop, et les champions se rencontrèrent au milieu de la lice avec un choc semblable à celui du tonnerre : la victoire ne fut pas douteuse, elle ne le fut pas un instant. A la vérité, Conrad se montra bon guerrier; car il dirigea sa lance avec tant d'adresse et de force, qu'elle frappa au milieu du bouclier de son adversaire, et se brisa en morceaux jusqu'à son gantelet. Le cheval de sir Kenneth recula de deux ou trois pas, et tomba sur ses hanches ; mais son cavalier le releva aisément en serrant les rênes. Conrad eut un destin tout différent; la lance du chevalier écossais, traversant son bouclier, une plaque d'acier de Milan, qui lui servait de cuirasse, et une cotte de mailles qu'il portait par-dessous, lui était entrée profondément dans la poitrine, l'avait renversé de cheval, et s'était brisée, laissant un tronçon dans la blessure.

Les parrains, les hérauts d'armes, et Saladin lui-même descendant de son trône, accoururent près du blessé, tandis que sir Kenneth, qui avait tiré son épée avant de s'être aperçu que son antagoniste était hors d'état de se défendre, le sommait d'avouer son crime. On leva à la hâte la visière de son casque, et Conrad, les yeux égarés et tournés vers le ciel, dit : — Que voulez-vous de plus? Dieu a prononcé avec justice; je suis coupable, mais il existe dans le camp des traîtres pires que moi. Par pitié pour mon ame, donnez-moi un confesseur!

— Le talisman, le remède tout-puissant, mon frère, dit Richard à Saladin.

— Le traître mériterait, répondit le soudan, qu'on le traînât par les talons de la lice à un gibet, plutôt que de profiter des vertus de ce talisman. Et je vois sur sa physionomie quelque chose qui lui pronostique un sort à peu près semblable, ajouta-t-il après avoir regardé avec attention le blessé; car, quoique sa blessure puisse se guérir, le sceau d'Azrael est sur le front de ce misérable.

— Je vous prie pourtant, mon frère, dit Richard, de faire pour lui tout ce qui sera possible, afin qu'il ait du moins le temps de se confesser. Il ne faut pas tuer l'ame avec le corps. Une demi-heure peut être pour lui plus précieuse que dix mille fois la vie du patriarche qui a vécu le plus long-temps.

— Les désirs de mon frère seront exécutés, répondit Saladin. Esclaves, qu'on porte le blessé dans ma tente.

— N'en faites rien, s'écria le grand-maître, qui jusqu'alors avait vu ce qui se passait en gardant un sombre silence; l'archiduc d'Autriche et moi nous ne souffrirons pas que ce malheureux prince chrétien soit livré aux Sarrasins, pour qu'ils essaient leurs charmes sur lui. Nous sommes ses parrains, et nous demandons qu'il soit confié à nos soins.

— C'est-à-dire que vous refusez les moyens certains qu'on vous offre pour le guérir? dit Saladin.

— Nullement, répondit le grand-maître reprenant sa présence d'esprit; si le soudan se sert de moyens légitimes, il peut venir voir le blessé sous ma tente.

— Faites-le, mon bon frère, dit Richard à Saladin ; faites-le, je vous en prie, quoique la permission en soit peu gracieusement accordée. Mais à présent occupons-nous de choses plus joyeuses. — Sonnez, trompettes ; braves Anglais, une acclamation en l'honneur du champion de l'Angleterre.

Les tambours, les clairons, les trompettes et les cymbales se firent entendre en même temps, et l'air retentit des acclamations bruyantes et régulières en usage en Angleterre depuis des siècles, et qui, accompagnées des cris aigus et sauvages des Arabes, auraient pu être comparées au diapason de l'orgue au milieu des hurlemens d'une tempête. Le silence se rétablit enfin.

— Brave chevalier du Léopard, dit Cœur-de-Lion, tu as montré que l'Éthiopien peut changer sa peau, et le léopard ses taches, quoique les clercs citent l'Écriture pour en prouver l'impossibilité ; mais je t'en dirai davantage quand je t'aurai conduit en présence des dames, qui savent le mieux juger et récompenser les hauts faits de la chevalerie.

Le chevalier du Léopard ne répondit que par un salut respectueux.

— Et toi, noble Saladin, continua Richard, il faut que tu les voies aussi ; sois sûr que la reine d'Angleterre ne croirait pas avoir été bien reçue si elle n'avait l'occasion de remercier notre hôte de son accueil vraiment royal.

Saladin inclina la tête avec grace, mais refusa d'accepter l'invitation.

— Il faut que j'aille voir le blessé, dit-il ; le médecin ne quitte pas plus son malade que le champion la lice, quand même il serait appelé dans un séjour comparable au paradis. D'ailleurs, roi Richard, sache que le sang de l'Orient ne coule pas avec autant de calme que celui du Frangistan en présence de la beauté. Que dit le livre à ce sujet? son œil est comme le tranchant du glaive du Prophète; qui osera le regarder? Celui qui ne veut pas se brûler évite de marcher sur des charbons ardens, et l'homme prudent n'étend pas le chanvre près d'une torche enflammée. Celui qui abandonne un trésor, dit le sage, ne doit pas détourner la tête.

Richard, comme on peut le supposer, respecta le motif de délicatesse qui prenait sa source dans des mœurs si différentes de celles d'Europe, et n'insista pas davantage.

— J'espère, dit le soudan en se retirant, qu'à midi vous accepterez tous un repas frugal sous la tente noire de peaux de chameaux d'un chef du Kourdistan.

La même invitation fut faite de sa part à tous les chrétiens à qui leur rang permettait d'être admis à un festin destiné à des princes.

— Écoutez! dit Richard; les tambourins annoncent que la reine et ses dames sortent de la galerie, et voyez! tous les turbans tombent à terre comme s'ils étaient frappés par l'ange exterminateur; voilà tous ces musulmans prosternés, comme si le regard d'un Arabe pouvait souiller la fraîcheur des joues d'une femme! Allons, rendons-nous au pavillon de Bérengère, et conduisons-y notre vainqueur en triomphe. Combien je plains ce noble soudan de ne connaître l'amour que comme le connaissent les créatures d'une nature inférieure à la nôtre!

Blondel accorda sa harpe pour chanter un air guerrier à l'instant où le vainqueur se présenterait devant la reine. Kenneth entra dans la tente entre ses deux parrains, Richard et William Longue-Épée, et s'agenouilla avec grace devant Bérengère, quoique cet hommage fût plutôt rendu silencieusement à Edith, qui était assise à la droite de la reine.

— Allons, mesdames, désarmez-le, s'écria Richard, qui aimait à voir accomplir tous les usages de la chevalerie; que la beauté honore la valeur! Détache ses éperons, Bérengère; toute reine que tu es, tu dois lui donner toutes les marques de faveur qui sont en ton pouvoir. Délace son casque, Edith; de par cette main, tu le délaceras, fusses-tu la plus fière Plantagenet de ta race, et fût-il le plus pauvre des chevaliers de tout l'univers?

Les deux dames obéirent aux ordres du roi: Bérengère, avec un empressement affecté, comme remplie de zèle et de condescendance pour les volontés de son époux; Edith pâle et rougissant tour à tour, tandis qu'avec lenteur et maladresse elle dénouait, aidée du comte de Salisbury, les cordons qui attachaient le casque au hausse-col.

— Et que vous attendiez-vous à voir sous cette coquille de fer? dit Richard lorsque, le casque ayant été retiré, on vit les traits nobles de sir Kenneth animés par le combat qu'il venait de livrer et par l'émotion qu'il éprouvait en ce moment. Qu'en pensez-vous, nobles chevaliers et belles dames? ressemble-t-il à un esclave nubien? A-t-il l'air d'un aventurier obscur et sans nom? Non, par ma bonne épée! Mais ici se terminent ses divers déguisemens. Il a fléchi le genou devant vous sans en être connu autrement que par son mérite. Celui qui se relève maintenant, aussi distingué par sa naissance que par sa valeur, est David, comte d'Huntingdon, prince royal d'Écosse.

Il se fit une exclamation générale de surprise, et Edith laissa échapper le casque qu'elle tenait en main.

— Oui, mes maîtres, ajouta le roi, c'est un fait certain. Vous savez que l'Écosse ne tint pas la promesse qu'elle nous avait faite de nous envoyer ce vaillant comte à la tête d'une troupe de ses plus nobles et de ses plus braves guerriers, pour nous aider à conquérir la Palestine. Ce noble jeune homme, qui devait commander les croisés écossais, ne put se résoudre à ne pas prendre part à cette sainte entreprise, et vint nous joindre en Sicile à la tête de quelques fidèles et dévoués serviteurs, et d'autres Écossais desquels il n'était pas connu. Tous les confidens du jeune prince, à l'exception d'un vieil écuyer, ont péri, et son secret trop bien gardé m'a mis en danger de couper par la racine une des plus belles espérances de l'Europe. Pourquoi ne m'avez-vous pas fait connaître votre rang, noble Huntingdon, quand votre vie fut mise en danger par une sentence dictée par la colère et la précipitation? Soupçonniez-vous Richard d'être capable d'abuser de l'avantage d'avoir entre ses mains l'héritier d'un roi qui a été souvent son ennemi?

— Je n'étais pas si injuste à votre égard, sire, répondit le comte d'Huntingdon; mais ma fierté ne pouvait se résoudre à me déclarer prince d'Écosse pour sauver une vie que j'avais mérité de perdre en abandonnant mon poste. D'ailleurs, j'avais fait vœu de conserver l'incognito jusqu'à la fin de la croisade, et je n'ai fait connaître mon rang qu'au révérend ermite d'Engaddi, *in articulo mortis*, et sous le sceau de la confession.

— Ce fut donc la connaissance de ce secret, dit Richard, qui inspira à ce digne homme de telles instances pour me faire révoquer ma sentence cruelle. Il avait bien raison de dire que si ce brave chevalier eût reçu la mort par mes ordres, j'aurais voulu pouvoir racheter ses jours au prix d'un de mes membres. D'un de mes membres! — J'aurais donné ma vie pour lui rendre la sienne, puisqu'on aurait pu dire que Richard avait abusé de la situation dans laquelle s'était placé l'héritier du royaume d'Écosse en se confiant à sa générosité.

— Mais pouvons-nous savoir par quel étrange et heureux hasard Votre Majesté découvrit enfin ce secret? demanda la reine Bérengère.

— Il nous arriva d'Angleterre, répondit Richard, des lettres qui nous apprirent, entre autres choses peu agréables, que le roi d'Écosse s'était emparé de trois de nos principaux nobles qui faisaient un pèlerinage à Saint-Ninian (1), et en avait donné pour prétexte que son fils, qu'il croyait dans les rangs des chevaliers teutoniques, et combattant les païens de Borussie, était de fait dans notre camp et en notre pouvoir, et qu'en conséquence il entendait les garder comme otages de sa sûreté. Ce fut le premier trait de lumière qui m'éclaira sur le véritable rang du chevalier du Léopard; mais De Vaux, à son retour d'Ascalon, changea mes soupçons en certitude en ramenant avec lui l'écuyer du comte d'Huntingdon, serf à crâne épais, qui avait fait trente milles pour découvrir à De Vaux un secret qu'il aurait dû me confier à moi-même.

— Il faut excuser le vieux Strachan, dit le lord de

(1) Fameuse abbaye près de Stirling. — ÉD.

Gilsland ; il savait par expérience que j'ai le cœur un peu plus tendre que si ma signature était Plantagenet.

— Ton cœur plus tendre, masse de fer, caillou de Cumberland! s'écria Richard. C'est nous autres Plantagenet qui avons le cœur tendre; n'est-il pas vrai, Edith? ajouta-t-il en lui lançant un regard dont l'expression la fit rougir. Donnez-moi votre main, belle cousine ; et vous, prince d'Écosse, donnez-moi aussi la vôtre.

— Prenez garde, sire, dit Edith en faisant un pas en arrière et en cherchant à cacher sa confusion sous un air de plaisanterie aux dépens de la crédulité de Richard, souvenez-vous que ma main devait servir à convertir à la foi chrétienne les Sarrasins et les Arabes, Saladin et tous les porteurs de turban.

— Oui, répondit Richard, mais le vent de prophétie a changé, et il souffle maintenant d'un autre côté.

— Ne vous moquez pas, de peur que vos liens ne soient rendus plus forts, dit en s'avançant l'ermite d'Engaddi. — L'armée du ciel n'écrit que la vérité dans ses brillans registres. Apprends que la nuit que Saladin et Kenneth d'Écosse passèrent dans ma grotte, je lus dans les astres qu'il se trouvait alors sous mon humble toit un prince ennemi naturel de Richard, à qui Edith Plantagenet devait être unie. Pouvais-je douter que ce ne dût être le soudan, dont le rang m'était connu, puisqu'il était venu bien des fois visiter ma cellule pour converser avec moi sur les révolutions des corps célestes. J'y lus encore que ce prince, époux d'Edith Plantagenet, serait chrétien. Et moi, faible et ignorant interprète, j'en tirai pour conclusion la conversion du noble Saladin, dont les bonnes qualités semblaient souvent le porter vers la vraie foi. Le sentiment de mon ignorance m'a humilié dans la poussière, mais j'y ai trouvé des consolations. Je n'ai pas su lire le destin des autres; qui peut m'assurer si j'ai bien lu le mien? Dieu ne veut pas que nous pénétrions dans ses conseils secrets et que nous cherchions à découvrir ses mystères. Nous devons attendre ses jugemens dans les veilles et les prières, dans la crainte et l'espérance. Je suis venu ici en prophète, orgueilleux de pouvoir lire dans l'avenir, me croyant capable d'instruire les princes, et doué même de pouvoirs surnaturels, mais accablé d'un poids que je pensais que mes épaules seules pouvaient supporter. Maintenant mes liens sont rompus; je pars, humilié de mon ignorance, repentant, mais non sans espoir.

Il sortit du pavillon dès qu'il eut prononcé ces mots, et l'on assure que depuis cette époque ses accès de délire devinrent moins fréquens, que sa pénitence prit un caractère plus calme, et qu'elle fut accompagnée d'espérance. Il y a tant d'amour-propre, même dans la démence, que l'idée d'avoir fait avec tant de confiance une prédiction mal fondée sembla produire l'effet d'une saignée pour apaiser la fièvre de son cerveau.

Il est inutile d'entrer dans de plus longs détails sur ce qui se passa dans la tente de la reine, et de chercher à savoir si David, comte d'Huntingdon, fut aussi muet en présence d'Edith Plantagenet que lorsqu'il était obligé de jouer le rôle d'un aventurier obscur et sans nom. On peut présumer qu'il lui exprima alors, avec toute l'ardeur convenable, la passion qu'il avait jusqu'alors trouvé souvent difficile de peindre par des paroles.

Cependant l'heure de midi approchait, et Saladin attendait les princes chrétiens sous une tente qui ne différait que par sa largeur de celles dont se servaient les soldats kourdes et arabes. Mais sous son vaste dôme noir était préparé le banquet le plus somptueux, à la mode orientale. Il était servi sur de riches tapis entourés de coussins pour les convives. Nous ne nous arrêterons pas à faire la description des draps d'or et d'argent, des superbes broderies en arabesques, des schalls de Cachemire et des mousselines des Indes qu'on vit briller dans la salle du banquet. Nous parlerons encore moins des mets et des ragoûts entourés de riz coloré de différentes manières, et des autres mystères de la cuisine orientale. Des agneaux rôtis tout entiers, des pilaus de gibier et de volaille, étaient servis sur de grands plats d'or, d'argent et de porcelaine, entremêlés de grands vases remplis de sorbet, rafraîchi dans la neige et dans la glace qu'on tirait des cavernes du mont Liban.

De magnifiques coussins amoncelés au haut bout de la table semblaient destinés au soudan et à ceux de ses convives qu'il voudrait particulièrement honorer. Tout autour de la tente étaient suspendus des drapeaux et des étendards, trophées des batailles que Saladin avait gagnées et des royaumes qu'il avait conquis. Mais on remarquait surtout un long drap noir attaché au bout d'une longue lance; c'était la bannière de la mort, et l'on y lisait cette inscription: SALADIN, ROI DES ROIS; SALADIN, VAINQUEUR DES VAINQUEURS; SALADIN DOIT MOURIR. Au milieu de ces préparatifs, les esclaves qui avaient apprêté le festin restaient debout, la tête baissée et les bras croisés, comme des statues de marbre ou comme des automates dont tous les mouvemens dépendent d'un ressort caché.

En attendant l'arrivée des princes ses hôtes, le soudan, qui, comme la plupart d'entre eux, n'était pas exempt des superstitions de son siècle, examina un horoscope accompagné d'une explication que l'ermite d'Engaddi lui avait fait remettre en partant du camp.

— Science étrange et mystérieuse, se dit-il à lui-même, qui, en prétendant lever le rideau qui nous cache l'avenir, égare ceux qu'elle semble guider, et obscurcit la scène qu'elle veut éclairer. Qui n'aurait pas cru que j'étais pour Richard cet ennemi dangereux dont l'inimitié devait se terminer par un mariage avec sa parente? Et cependant il paraît maintenant que l'union de ce brave comte avec cette dame rétablira l'amitié entre Richard et le roi d'Écosse, ennemi plus à craindre pour lui que moi ; car le chat-pard enfermé dans une chambre est plus dangereux que le lion dans un désert lointain. — Mais aussi, continua-t-il, la conjonction des astres annonçait que cet époux devait être chrétien. Chrétien! répéta-t-il après une pause ; c'est ce qui faisait espérer à ce fou de fanatique que je renoncerais à ma foi. Mais moi, moi, fidèle serviteur du Prophète, cette circonstance aurait dû me détromper. — Reste là, étrange et mystérieux écrit, ajouta-t-il en plaçant l'horoscope sous une pile de coussins ; tes prédictions sont aussi bizarres que fatales, puisque, même quand elles sont vraies en elles-mêmes, elles produisent sur ceux qui tentent de les expliquer tous les effets du mensonge. — Eh bien! qui te rend assez hardi pour te présenter devant moi sans être appelé?

Il parlait ainsi au nain Nebectamus, qui se précipita dans la tente avec un air d'agitation sans égale ; ses traits étranges et disproportionnés étaient encore plus hideux par l'horreur qu'ils exprimaient; sa bouche et ses yeux ouverts, ses bras, ses mains et ses doigts ridés et décharnés étaient étendus dans toute leur longueur.

— Qu'y a-t-il donc? demanda le soudan d'un ton sévère.

— *Accipe hoc* (1)! répondit le nain respirant à peine.

— Comment? Que dis-tu? s'écria Saladin.

— *Accipe hoc!* dit encore le nain, dont l'esprit était si troublé qu'il ne songeait peut-être pas qu'il répétait les mêmes paroles.

— Retire-toi, dit Saladin; je ne suis pas en humeur d'entendre tes folies.

— Je ne suis fou qu'autant qu'il le faut pour que mon esprit me gagne du pain, pauvre misérable que je suis, répondit Nebectamus; écoutez-moi, grand soudan, écoutez-moi!

— Que tu sois fou ou sage, dit Saladin, si tu as quelque plainte fondée à me faire, le devoir d'un roi est d'y prêter l'oreille. Suis-moi.

Il l'emmena dans un appartement intérieur; mais quel que fût le sujet de leur conférence, elle fut interrompue par le son des trompettes qui annoncèrent successivement l'arrivée des différens princes chrétiens. Saladin les reçut avec la courtoisie qui convenait à son rang et au leur; mais il fit un accueil particulièrement gracieux au jeune comte d'Huntingdon, qu'il eut assez de générosité pour féliciter sur la perspective qui s'ouvrait à lui, quoiqu'elle eût contrarié et déconcerté les projets qu'il avait lui-même formés peu de temps auparavant.

— Mais ne crois pas, noble jeune homme, dit le sou-

(1) Reçois ceci. — Éd.

dan, que Saladin voie avec plus de plaisir le prince d'Écosse qu'Ilderim n'a vu Kenneth quand il l'a rencontré dans le désert, ou Adonebec El Hakim le Nubien dans la détresse. Une ame généreuse comme la tienne a une valeur indépendante du rang et de la naissance, de même que le breuvage rafraichissant que je t'offre en ce moment est aussi délicieux dans un vase de terre que dans une coupe d'or.

Le comte d'Huntingdon fit une réponse convenable à la circonstance, et témoigna au généreux soudan sa reconnaissance des importans services qu'il en avait reçus. Mais quand il eut goûté la grande coupe de sorbet que Saladin lui fit présenter, il ne put s'empêcher d'ajouter en souriant :

— Le brave cavalier Ilderim ne connaissait pas la formation de la glace; mais le magnifique soudan rafraîchit son sorbet dans la neige.

— Voudrais-tu qu'un Arabe ou un Kourde eût la science d'un Hakim? répondit Saladin. Celui qui prend un déguisement doit mettre d'accord les sentimens de son cœur et les connaissances de son esprit avec le costume qu'il emprunte. Je voulais voir comment un cavalier du Frangistan plein de bravoure et de franchise, soutiendrait une discussion avec un chef tel que je paraissais alors, et je révoquai en doute la vérité d'un fait bien connu pour savoir sur quels argumens tu appuierais ton assertion.

Tandis qu'ils parlaient, l'archiduc d'Autriche, qui se tenait un peu à l'écart, s'avança en entendant parler de sorbet à la glace, et prit avec plaisir et sans cérémonie la coupe que le comte d'Huntingdon se préparait à rendre.

— Délicieux! s'écria-t-il après avoir bu un grand coup

que la chaleur du temps, la débauche qu'il avait faite la veille, lui rendirent doublement agréable; et il passa la coupe en soupirant au grand-maître des Templiers.

Saladin fit un signe au nain, qui s'avança en prononçant d'une voix aigre les mots : *Accipe hoc.* Le Templier tressaillit comme un coursier qui voit sur son chemin un lion sortir de derrière un buisson. Cependant il se remit sur-le-champ; et, peut-être pour cacher sa confusion, il approcha la coupe de ses lèvres; mais ses lèvres ne touchèrent même pas le bord de la coupe. Le cimeterre de Saladin quitta son fourreau comme l'éclair fend la nue; on le vit brandir en l'air un instant, et la tête du grand-maître roula à l'extrémité de la tente. Le tronc resta debout une seconde; la main serrait encore la coupe qu'elle tenait; il tomba ensuite, et la liqueur se mêla avec le sang qui jaillissait de ses veines (1).

Le cri *trahison! trahison!* se fit entendre de toutes parts. L'archiduc d'Autriche, près duquel Saladin se trouvait, son cimeterre ensanglanté à la main, fit quelques pas en arrière comme s'il eût craint que son tour n'arrivât. Richard et plusieurs autres portèrent la main sur leurs épées.

— Ne craignez rien, noble archiduc, dit Saladin d'un ton aussi calme que s'il ne fût rien arrivé d'extraordinaire. Et vous, mon frère Richard d'Angleterre, ne soyez pas courroucé de ce que vous venez de voir. Si j'ai frappé de mort ce scélérat, ce n'est pas pour le punir de toutes ses trahisons; ce n'est ni parce qu'il a fait attenter aux jours du roi Richard, comme son propre écuyer peut l'attester, ni parce qu'il nous a poursuivis,

(1) Sujet de la vignette du titre de ce volume. — ÉD.

le prince d'Écosse et moi, dans le Désert, de telle sorte que nous n'avons dû la vie qu'à la vitesse de nos coursiers, ni parce qu'il a excité les Maronites à nous attaquer aujourd'hui, ce qu'ils auraient fait si je n'avais amené, contre son attente, un assez grand nombre d'Arabes armés pour déjouer ce complot; ce n'est ni pour aucun de ces crimes, ni pour tous ces crimes, que vous le voyez étendu dans son sang : c'est parce qu'une demi-heure avant de souiller notre présence, comme le Simoun empoisonne l'atmosphère, il a poignardé son compagnon d'armes et son complice Conrad de Montserrat, de peur qu'il n'avouât les infames complots qu'ils avaient tramés ensemble.

— Comment! s'écria Richard, Conrad assassiné par le grand-maître! son plus intime ami, celui qui vient de lui servir de parrain! Noble soudan, je ne doute pas de tes paroles; mais ce fait doit être prouvé, sans quoi....

— En voici le témoin, dit Saladin en montrant le nain encore épouvanté. Allah, qui envoie le ver luisant pour nous éclairer la nuit, peut découvrir les crimes secrets par les moyens les plus méprisables.

Le soudan rapporta alors ce que lui avait raconté le nain. Par un mouvement de folle curiosité, ou, comme il en fit presque l'aveu, pour voir s'il ne trouverait rien sur quoi il pût mettre la main, Nebectamus était entré dans la tente du marquis, que toute sa suite avait abandonné, les uns étant partis pour porter à son frère la nouvelle de sa défaite, les autres ne songeant qu'à se réjouir aux frais de Saladin, qui avait fait distribuer dans tout le camp des provisions en abondance. Le blessé dormait, grace à l'influence du merveilleux talisman du sultan; de sorte que le nain put tout examiner à loisir. Cependant, entendant le bruit d'un pas pesant, il fut saisi de frayeur, et se cacha derrière un rideau, qui ne l'empêchait pourtant ni de voir ni d'entendre tout ce qui se passait. Le grand-maître entra, et ferma avec soin la toile qui couvrait l'entrée de la tente. Il s'approcha de sa victime, qui s'éveilla en tressaillant, et il paraît même que le marquis soupçonna sur-le-champ quel était le projet de son ancien compagnon, car ce fut d'un ton d'alarme qu'il lui demanda pourquoi il venait le troubler.

— Je viens te confesser et te donner l'absolution, répondit le grand-maître.

Le nain épouvanté ne se rappelait qu'imparfaitement le reste de leur conversation, si ce n'est que Conrad supplia le grand-maître de ne pas achever de briser un roseau déchiré, et que le Templier lui avait plongé un poignard turc dans le cœur en prononçant ces mots : *Accipe hoc*, qui avaient fait une si profonde impression sur l'imagination épouvantée du témoin.

— Je me suis assuré de la vérité du fait en faisant examiner le corps du défunt, continua Saladin ; j'ai ordonné à cet être infortuné, qu'Allah a fait servir d'instrument pour la découverte de ce crime, de répéter en votre présence les mots qu'avait prononcés le meurtrier, et vous avez vu vous-même quel effet ils ont produit sur sa conscience.

Le soudan se tut, et le roi d'Angleterre prit la parole.

— Si tout cela est vrai, comme je n'en doute plus, dit-il, nous avons été témoins d'un grand acte de justice; mais pourquoi fallait-il qu'il eût lieu en notre présence et de ta propre main ?

— Ce n'était pas mon projet, répondit Saladin ; mais

si je n'avais précipité son destin, il y aurait échappé. Car, si j'avais souffert qu'il bût dans ma coupe, comment aurais-je pu, sans encourir le reproche d'avoir violé les droits de l'hospitalité, lui faire subir la mort comme il l'avait méritée? Il aurait assassiné mon père, qu'après avoir bu dans ma coupe il eût été à l'abri de ma vengeance ; je n'aurais pu arracher un seul cheveu de sa tête. Mais c'est assez nous occuper de lui. Que son cadavre soit éloigné de nos yeux, et bannissons le souvenir de ses crimes.

Le corps fut emporté, et les marques sanglantes de la scène qui venait de se passer furent effacées ou cachées avec tant de promptitude et de célérité, qu'on peut juger qu'un pareil événement n'était pas assez rare pour que les officiers de la maison de Saladin en fussent embarrassés ou déconcertés.

Cependant le spectacle dont ils venaient d'être témoins pesait sur l'esprit des princes chrétiens. A l'invitation pressante de Saladin, ils prirent la place qui leur était destinée à table; mais ils y restèrent dans le silence de l'inquiétude et du soupçon. Richard fut le seul qui parut ne conserver dans son cœur ni crainte, ni doute, ni embarras, et pourtant il semblait lui-même réfléchir à quelque proposition qu'il voulait faire en termes assez agréables pour qu'elle fût acceptée. Enfin, vidant un grand verre de vin, et s'adressant au soudan, il lui demanda s'il était vrai qu'il eût fait au comte d'Huntingdon l'honneur d'avoir une rencontre avec lui.

Saladin répondit qu'il avait fait l'épreuve de son coursier et de ses armes avec le prince d'Écosse, comme avaient coutume de le faire les cavaliers qui se rencontraient dans le Désert, et il ajouta modestement que, quoique le combat n'eût pas été décisif, cependant le résultat n'en avait pas été tel qu'il dût s'en glorifier. L'Écossais, de son côté, désavoua la supériorité que le soudan lui accordait, et voulut la lui attribuer.

—N'importe, n'importe! s'écria Richard; la rencontre seule te fait assez honneur, et je te l'envie plus que tous les sourires d'Edith Plantagenet, quoiqu'un seul suffise pour récompenser un combat tel que celui que tu viens de livrer. Mais qu'en dites-vous, nobles princes? convient-il qu'une assemblée royale de chevalerie comme celle-ci se sépare sans avoir fait quelque chose dont on puisse parler dans les siècles futurs? Que sont la confusion et la mort d'un traître pour une guirlande d'honneur telle que celle qui est réunie en ce lieu, et qui ne doit pas se séparer sans avoir vu quelque fait plus digne de ses regards? Qu'en pensez-vous, noble soudan, pourquoi vous et moi, et en présence de cette illustre compagnie, ne déciderions-nous pas la question si long-temps disputée de la possession de cette terre de Palestine, afin de terminer ces guerres fatigantes? Nous avons une lice toute préparée; l'islamisme ne peut jamais espérer un meilleur champion que toi; moi-même je jeterai mon gant comme celui de la chrétienté, à moins qu'il ne s'en présente un plus digne, et en tout honneur et toute amitié nous nous livrerons un combat à outrance pour la possession de Jérusalem.

Le soudan fut quelque temps sans répondre; une vive rougeur colora son front, et la plupart des convives croyaient qu'il se disposait à accepter le cartel.

—En combattant pour la sainte cité, dit-il enfin, contre ceux que nous regardons comme des idolâtres, comme des adorateurs de pierres sculptées et d'images peintes, je pourrais espérer qu'Allah fortifierait mon bras ; ou, si je tombais sous le fer de Melec Ric, je ne pourrais arriver dans le paradis par une mort plus glorieuse. Mais Allah a déjà accordé Jérusalem aux vrais croyans, et ce serait tenter le dieu du Prophète si, présumant de mes forces et de mes talens, je mettais en danger ce dont je suis assuré par la supériorité de mes armes.

— Eh bien, dit Richard du ton d'un homme qui demanderait une faveur à un ami intime, si ce n'est pas pour Jérusalem, que ce soit pour l'honneur. Faisons du moins trois courses avec des lances à fer émoulu.

— Je ne puis en conscience vous satisfaire même sur ce point, répondit Saladin souriant à demi de l'empressement amical avec lequel Richard insistait sur ce combat. Le maître donne un berger au troupeau pour l'avantage du troupeau, et non pour celui du berger. Si j'avais un fils qui pût tenir mon sceptre quand je cesserai d'exister, j'aurais la liberté, comme j'en ai le désir, de m'essayer dans cette noble rencontre. Mais vos propres écritures disent que quand le berger est frappé le troupeau est dispersé.

— Tout le bonheur a été pour toi! dit Richard en soupirant au comte d'Huntingdon. J'aurais donné la meilleure année de ma vie pour ta demi-heure près du Diamant du Désert!

L'extravagance chevaleresque de Richard ranima la gaieté de la compagnie ; et quand enfin on se leva pour se séparer, Saladin s'avança vers Cœur-de-Lion, et lui dit en lui prenant la main :

— Noble roi d'Angleterre, nous nous séparons pour ne plus nous revoir. Je sais aussi bien que vous que votre ligue est dissoute pour ne plus se réunir, et que vos seules forces sont insuffisantes pour vous permettre de continuer votre entreprise. Je ne puis vous céder cette Jérusalem que vous désirez tant. Cette ville est pour nous, comme pour vous, une cité sainte. Mais quelque autre demande que Richard puisse faire à Saladin, elle lui sera accordée aussi librement que cette fontaine accorde ses eaux; oui, et Saladin tiendrait cette promesse, quand même Richard se trouverait dans le Désert avec deux archers pour toute escorte.

Le lendemain Richard retourna dans son camp; et quelques jours après le jeune comte d'Huntingdon épousa Edith Plantagenet. Le soudan lui envoya, comme présent de noces, le célèbre talisman. On lui dut un grand nombre de cures en Europe, mais aucune n'égala en succès et en célébrité celles que Saladin avait opérées. Ce talisman existe encore, le comte d'Huntingdon l'ayant légué à un brave chevalier écossais, sir Mungo du Lee, dont l'ancienne et honorable famille le conserve avec soin; et quoique la pharmacopée moderne ait rejeté l'usage des pierres constellées, on l'emploie encore avec succès pour arrêter le sang et contre la rage des chiens (1).

Ici se termine notre histoire, les conditions auxquelles Richard évacua ses conquêtes pouvant se trouver dans toutes les chroniques de cette époque.

(1) C'est un trait épigrammatique sur les *recettes de famille*, si communes dans la Grande-Bretagne. — Éd.

FIN DU TOME QUATRIÈME ET DES HISTOIRES DU TEMPS DES CROISADES.

ŒUVRES COMPLÈTES
DE
SIR WALTER SCOTT.

Cette édition sera précédée d'une notice historique et littéraire sur l'auteur et ses écrits. Elle formera soixante-douze volumes in-dix-huit, imprimés en caractères neufs de la fonderie de Firmin Didot, sur papier jésus vélin superfin satiné; ornés de 72 *gravures en taille-douce* d'après les dessins d'Alex. Desenne; de 72 *vues* ou *vignettes* d'après les dessins de Finden, Heath, Westall, Alfred et Tony Johannot, etc., exécutées par les meilleurs artistes français et anglais; de 30 *cartes géographiques* destinées spécialement à chaque ouvrage; d'une *carte générale de l'Écosse*, et d'un *fac-simile* d'une lettre de Sir Walter Scott, adressée à M. Defauconpret, traducteur de ses œuvres.

CONDITIONS DE LA SOUSCRIPTION.

Les 72 volumes in 18 paraîtront par livraisons de 3 volumes de mois en mois; chaque volume sera orné d'une *gravure en taille-douce* et d'un titre gravé, avec une *vue* ou *vignette*, et chaque livraison sera accompagnée d'une ou deux *cartes géographiques*.

Les *planches* seront réunies en un cahier séparé formant *atlas*.

Le prix de la livraison, pour les souscripteurs, est de 12 fr. et de 25 fr. avec les gravures avant la lettre.

Depuis la publication de la 3ᵉ livraison, les prix sont portés à 15 fr. et à 30 fr.

ON NE PAIE RIEN D'AVANCE.

Pour être souscripteur il suffit de se faire inscrire à Paris

Chez les Éditeurs:

CHARLES GOSSELIN, LIBRAIRE
DE S. A. R. M. LE DUC DE BORDEAUX,
Rue St.-Germain-des-Prés, n. 9.

A. SAUTELET ET Cᵒ,
LIBRAIRES,
Place de la Bourse.

www.ingramcontent.com/pod-product-compliance
Lightning Source LLC
Chambersburg PA
CBHW060127190426
43200CB00038B/1070